中华环保联合会
All-China Environment Federation

案例提供单位

贵州省清镇市人民法院
重庆市渝北区人民法院
重庆市万州区人民法院

环保法庭
案例选编（五）

王　立 / 主编

| 环境刑事案件 | 环境行政案件 | 环境民事案件 |

中国法制出版社
CHINA LEGAL PUBLISHING HOUSE

主编

王　立　国家法官学院教授

主编助理

师　雯　中华环保联合会法律中心项目负责人

撰稿人

贵州省清镇市人民法院

罗光黔　田　菲　苏桂兰　饶周琴

重庆市渝北区人民法院

赵文芬　沈远东　陈　果　马菲菲

周晓惟敏　曾　浩

重庆市万州区人民法院

陈　伟　王　翔　方　莉　管君茹

编辑委员会组成

序

生态环境问题，事关人民福祉，事关公平正义，事关持续发展，事关社会稳定，事关改革成败，事关战略全局。走向生态文明新时代，建设美丽中国，是实现中华民族伟大复兴中国梦的重要内容。党的十八大把生态文明建设纳入中国特色社会主义事业五位一体总体布局。十八届三中全会作出的《中共中央关于全面深化改革若干重大问题的决定》指出，要建设生态文明，必须建立系统完整的生态文明制度体系，用制度保护生态环境。司法审判作为调整生态环境社会关系的最后权威保障，应当大有可为，必须积极作为。

随着人们环境安全需求的不断增长，通过环境诉讼维权的意识也不断增强。针对近年来日益恶化的环境形势，特别是雾霾频频侵袭各地，严重威胁人民群众的生命健康安全的现实状况，最高人民法院树立生态文明理念，着眼保障建设美丽中国的远景目标，更加重视环境案件的审理，在全国多地法院设立环保法庭的基础上，先后发布《关于全面加强环境资源审判工作为推进生态文明建设提供有力司法保障的意见》《关于人民法院为"一带一路"建设提供司法服务和保障的若干意见》《人民法院审理人民检察院提起公益诉讼案件试点工作实施办法》《关于审理环境民事公益诉讼案件适用法律若干问题的解释》和《关于审理环境侵权责任纠纷案件适用法律若干问题的解释》等一系列规范文件，为环境案件的审判的顺利进行提供了更加完善的规范依据。

人民群众要求用法律手段保护生存环境，渴求污染环境、破坏环境的行为受到法律的制止和制裁，人民群众的合法权益得到公正、及时地保护，这对人民法院的司法能力提出了更高的要求。环境案件的审理必须回应人民群众的呼声，环境案件审判必须牢牢坚持司法为民、公正司法的工作主线，切实贯彻节约资源和保护环境的基本国策，更加重视和全面加强环境资源审判工作。环境案件专业性强、影响面广、社会关注程度高，使法官队伍的专业化水平和司法能力上面临新考验。为此，必须通过加强环境资源司法理论研究，从而不断完善最严格的源头保护制度、损害赔偿制度、责任追究制度。

中华环保联合会持续组织环保法庭案例选编很有意义。编委会挑选较早设立环保法庭的人民法院，包括贵州省贵阳市中级人民法院，贵州省清镇市人民法院，重庆市渝北区人民法院、万州区人民法院审理的环境案件29件，统一组织由环境案件审判工作一线的法官认真撰稿。既选取环境公益诉讼案件，也选收环境私益诉讼案件；既有刑事案件，又有民事案件和行政案件。基本上从实例层面反映出近两年来最高人民法院指导下的环境案件审判工作的新进展和新面貌。

第一，处罚和执行方式上有新突破。人民法院在法律规定相对滞后的情况下，积极探索、勇于创新，不断摸索环境审判的新方式、新路径、新手段。补植复绿是生态修复方式之一，投放鱼苗是一种生态修复方式的创新，并作为量刑时的酌定从轻情节加以考虑；或者通过提供公益服务来冲抵其应缴纳的罚金，既修复被破坏的环境，又让当事人受到生态环境保护教育。推出第三方监督机制，使涉案企业置身于公众监督之下涉案企业履行人民法院生效裁判文书的情况由第三方及时掌握并将监督情况及时报告给人民法院以及与涉案企业相应的行政监督管理部门，既保证法院的裁判能够执行到位，又调动公众参加环境保护的积极性。利用现有的公募基金代为管理公益资金，专门用于新农村建设当中的农村污水治理项目，是对环境公益诉讼款项的管理模式进行的有益的尝试。万州模式的环保禁止令的创设，有利于及时制止环境污染和生态破坏，有效地防止环境损失扩大，提高行政和司法效率，节约相关成本。

第二，受理范围上有新拓展。与往年相比，近年的环境案件涉及的保护对象，不再是单纯的土壤、水质的污染，而扩展到人民群众生活的多个方面，如噪声污染、装修污染、非法出卖珍贵濒危野生动物制品等。

第三，参与庭审和执行过程中有新力量。原有的一些针对环境案件的创新举措，得到进一步的推广、改进和适用，如执行回访制度仅仅依靠的是法官的行为，现在推出的第三方监督机制，弥补法官的时间、精力有限的不足；不少专家参与环境案件的审理，有的作为人民陪审员直接对案件进行审理，有的作为专家证言或咨询意见，大大提高案件审理的科学性和公正性。

这些案件的审理在当地广受关注，审理的结果也都达到预期的法律效果和社会效果。

实现中华民族伟大复兴的中国梦，生态文明建设是题中应有之义。人民法院把环境案件审判这项工作抓实做好，意义重大，影响深远。案例可以指导审判，选编能够影响实践，但是，“问渠哪得清如许，为有源头活水来”，归根到底，案件审判质量才是案例选编发挥指导和影响作用的力量源泉。藉此览稿之际，也期盼各级人民法院积极开展环境案件审判工作，在探索创新的基础上，确保案件质量经得起实践检验，经得起发展考验，经得起岁月沉淀。

读罢掩卷，有感而发的几句话写在前面，愿与作者、学者、司法实践者共勉。雾霾尚在漫延，同志仍须努力。司法机关、环保组织、专家学者和社会各界还须携起手来向着环境正义，向着生态文明新时代，向着美丽中国建设，向着实现中华民族伟大复兴中国梦戮力前行。言于此，行当始，是以为序。

江必新

二〇一六年四月八日于佞荷斋

目　录

Contents

第一章　环境刑事案件

第二章 环境行政案件

第三章 环境民事案件

第一章　环境刑事案件

1

彭某某、郑某某非法采矿案

（对未取得采矿许可证擅自私挖乱采卵石的行为，
应以非法采矿罪定罪处罚）

（一）首部

1. 裁判文书字号

重庆市万州区人民法院（2019）渝 0101 刑初 629 号刑事判决书

2. 案由：非法采矿罪。

3. 诉讼双方

公诉机关：重庆市万州区人民检察院。

被告人：彭某某，男，系某村村民委员会主任，住重庆市某县。

辩护人：谢某某，北京市某律师事务所律师。

被告人：郑某某，男，无业，住重庆市某县。

辩护人：杨某某，重庆某律师事务所律师。

4. 审级：一审。

5. 审判机关和审判组织

审判机关：重庆市万州区人民法院。

合议庭组成人员：审判长，冯纲；人民陪审员，赖庆娟、余忠卿。

6. 审结时间：2019 年 11 月 20 日。

（二）诉辩主张

1. 公诉机关指控称

2016 年 3 月至 2019 年 2 月，被告人彭某某、郑某某在未取得采矿许可证的情况下，擅自在奉节县某河域某段“某某煤矿”附近，利用挖机、铲车、碎石机等设备非法开采石料。

2. 被告人彭某某辩称

对公诉机关指控的事实无异议，自愿认罪认罚。其行为系政府默示的相对人行为，彭某某主观上无犯罪故意，且“矿产资源”应法定，彭某某开采的石料大部分为卵石，未被列入《矿产资源分类细目》中，故被告人的采石行为不构成非法采矿罪。即使法院判定被告人的行为构成非法采矿罪，也应排除碎石中的非矿产资源，扣除碎石的生产成本和运输成本后，结合被告人的自首情节、认罪态度、平时表现以及社会危害性，建议对被告人宣告缓刑。

3. 被告人郑某某辩称

对公诉机关指控的事实无异议，自愿认罪认罚。称其没有参与任何管理工作，是次要责任，希望从轻处罚。销赃数额应扣除运输成本。郑某某开采的石料全部用于扶贫公路建设，充分说明主观恶意不大，无社会危害性和再犯的可能。在量刑方面，被告人具有自首、坦白、自愿认罪认罚的情节，应从轻处罚，被告人在审理过程中，全部退赃退赔、积极修复环境并缴纳全部罚金，确有悔改表现，应在法定刑以下再予从宽量刑。

（三）事实和证据

2016 年 3 月至 2019 年 2 月，被告人彭某某、郑某某在未取得采矿许可证的情况下，擅自在奉节县某河域某段“某某煤矿”附近，利用挖机、铲车、碎石机等设备非法开采石料、加工碎石 8971.05 方，将碎石分别以 43 元/方、55 元/方的价格销售给张某某用于修建公路，销售金额共计人民币 411567.15 元。被告人彭某某、郑某某分别经民警电话传唤，先后于 2019 年 3 月 1 日 19 时许、3 月 2 日 12 时许到公安机关接受调查，如实供述了上述事实。

在审理期间，被告人彭某某自愿认缴生态修复费 20000 元、主动缴纳罚金 20000 元、主动退赔违法所得 205784 元，被告人郑某某自愿认缴生态修复费 20000 元、主动缴纳罚金 20000 元、主动退赔违法所得 205784 元。

上述事实有下列证据证明：

1. 被告人的供述及辩解；2. 受案登记表；3. 立案决定书；4. 身份信息；5. 抓获经过；6. 奉节县水利局证明材料；7. 路面工程量情况说明；8. 停工通知书；9. 查封照片；10. 公路工程交工验收证书；11. 奉节县贫困村通畅工程合同协议书；12. 建设银行交易明细清单；13. 刑事判决书；14. 彭某某任职通知；15. 某镇某村支部委员会证明；16. 某镇人大主席团证明；17. 证人张某某、薛某某、姜某某等人的证言；18. 现场勘验笔录；19. 现场图；20. 指认现场笔录；21. 照片。

（四）判案理由

重庆市万州区人民法院经审查认为：《中华人民共和国矿产资源法》第三条规定，国家保障矿产资源的合理开发利用，禁止任何组织或者个人用任何手段侵占或者破坏矿产资源。开采矿产资源，必须依法申请，经批准取得采矿权，并办理登记。被告人彭某某、郑某某违反以上规定，未取得采矿许可证擅自开采矿产资源，情节严重，已构成非法采矿罪。被告人彭某某、郑某某犯罪后自动投案，并如实供述其犯罪事实，是自首，可以从轻处罚；被告人彭某某、郑某某自愿认罪认罚，在审理阶段积极退赔全部违法所得，主动缴纳罚金并自愿认缴生态修复费，可以从宽处理。

（五）定案结论

重庆市万州区人民法院依照《中华人民共和国刑法》第三百四十三条第一款、第二十五条第一款、第六十七条第一款、第七十二条第一款、第七十二条第三款、第六十四条，《最高人民法院、最高人民检察院关于办理非法采矿、破坏性采矿刑事案件适用法律若干问题的解释》第一条、第二条第一款第（一）项、第三条第一款第（一）项、第十三条，《中华人民共和国矿产资源法》第三条、第五十二条，《中华人民共和国矿产资源法实施细则》第四十五条，《中华人民共和国刑事诉讼法》第十五条的规定，作出如下判决：

一、被告人彭某某犯非法采矿罪，判处有期徒刑十一个月，缓刑二年，并处罚金 20000 元（已缴纳）；

（缓刑考验期限，从判决确定之日起计算。）

二、被告人郑某某犯非法采矿罪，判处有期徒刑八个月，并处罚金 20000 元（已缴纳）；

（刑期从判决执行之日起计算。判决执行以前先行羁押的，羁押一日折抵刑期一日，即自 2019 年 10 月 14 日起至 2020 年 6 月 13 日止。）

三、对被告人彭某某、郑某某违法所得 411567.15 元予以追缴，上缴国库（已缴纳）。

（六）解说

非法采矿不仅造成国家矿产资源巨大损失，对生态环境的破坏也极为严重。本案中，二被告人开采的石料大部分为卵石，在我国现行相关法律法规中，未直接明确规定卵石是否属于矿产资源，但通过其委任性规范及有权部门的复函可以推导出卵石属于矿产资源这一结论，该结论的得出对今后类案的处理具有指导性作用。

非法采矿案件中，销赃数额的认定对案件的定性具有重大影响，在实践过程中，被告人及其辩护人常以销赃数额应由实际交易价格减去运费、人工等成本来认定。本案中，直接明确了矿产品生产过程中产生的费用本应属于矿产品价值的组成部分，不应在销赃数额中予以扣除，该认定对今后此类犯罪的定性具有重大意义。

本案在审理过程中，通过审判人员的多次释理说法，二被告人积极退赔全部违法所得，主动缴纳罚金并自愿认缴生态修复费，判决后二被告人均服判息诉，达到了惩治犯罪和教育引导的双重目的。

编写人：重庆市万州区人民法院　冯纲　管君茹

2

成某某非法占用农用地刑事附带民事公益诉讼案

（非法占用、改变林地用途造成林地毁坏的，
既构成非法占用农用地罪，也应承担侵权责任）

（一）首部

1. 裁判文书字号

重庆市万州区人民法院（2019）渝0101刑初1032号刑事判决书

2. 案由：非法占用农用地罪。

3. 诉讼双方

公诉机关暨附带民事公益诉讼起诉人：重庆市万州区人民检察院。

被告人：成某某，女，重庆市万州区某某采石场负责人，住重庆市万州区某某镇。

辩护人：刘某某，重庆某律师事务所律师。

辩护人：张某某，重庆某律师事务所律师。

4. 审级：一审。

5. 审判机关和审判组织

审判机关：重庆市万州区人民法院。

合议庭组成人员：审判长，王翔；审判员，冉孟云、张国仲；人民陪审员，毛开春、万林、唐运东、呙福宇。

6. 审结时间：2019年12月26日。

（二）诉辩主张

1. 公诉机关指控称

2005年10月，被告人成某某在其租赁的某某镇某某村1组及临界某某村7组超出某某区林业局、某某区人民政府批准的使用林地面积，非法占用林地扩大采石场作业区采石加工、碎石销售，造成林地损毁。

2. 附带民事公益诉讼起诉人诉称

被告人成某某在上述公诉机关指控的犯罪行为中破坏生态资源，经委托第三方机构作出恢复方案，需生态修复费149258元，发生评估费用5000元，被告人成某某应承担侵权责任。请求人民法院依法判令：1. 被告人成某某缴纳生态修复费149258元；2. 被告人成某某支付评估费用5000元；3. 被告人成某某在重庆市市级新闻媒体上公开向社会公众赔礼道歉。

3. 被告辩称

对公诉机关的指控无异议，自愿认罪认罚。辩护对已占用林地进行了复绿，自己又患有疾病，请求法院宽大处理；对附带民事公益诉讼起诉人提起公益诉讼的事实无异议，愿意履行公益诉讼请求。辩护人刘某某、张某某对公诉机关刑事指控提出的辩护意见是，被告人成某某主观恶性不大，日常表现良好，是初犯、偶犯，也进行了复绿，愿意积极缴纳罚金，请求从轻处罚。

（三）事实和证据

重庆市万州区人民法院经公开审理查明：2005年10月，被告人成某某注册成立个人独资企业重庆市万州区某某采石厂（2015年12月更名为重庆市万州区某某采石场）。2009年5月，被告人成某某租赁万州区某某镇某某村1组集体林地用于开采建筑石料用灰岩销售。自2015年以来，被告人成某某在其租赁的某某镇某某村1组及临界某某村7组超出行政机关的审批使用面积37.2亩林地（占用的林地森林类别为公益林、林种防护林，后复绿16.47亩，未复绿20.73亩）上进行采石加工、碎石销售，造成林地损毁。

诉讼中，被告人成某某主动缴纳罚金20000元，履行民事公益诉讼请求缴纳生态修复费149258元、评估费用5000元，在重庆市市级报刊上登报公开向社会公众赔礼道歉，并自愿另行向生态修复公益基金账户缴纳生态修复费71742元。

上述事实有下列证据证明：

1. 户籍资料；2. 抓获经过；3. 某某镇某某村1组林权证复印件；4. 集体林权勘界登记表；5. 某某镇林改小班外业调查表；6. 某某镇林权宗地位置示意图；7. 重庆市万州区某某采石场工商登记档案；8. 重庆市万州区某某采石场营业执照；9. 万州区林业局万州林资字〔2013〕1号使用林地审核同意书；10. 采矿许可证（采矿权人重庆市万州区某某采石场）；11. 安全生产许可证；12. 开户许可证；13. 荒山租用协议；14. 万州区人民政府关于万州区某某采石厂开采建筑石料堆码临时用地供地方案的批复；15. 万州区人民政府关于万州区某某采石场开采建筑石料用灰岩临时用地的批复；16. 重庆市国土资源和房屋管理局关于加快推进绿色矿山建设的通知；17. 万州区某某采石厂使用林地函；18. 万州区某某采石厂使用林地申请；19. 万州区林业局行政审批项目公文处理笺；20. 森林植被恢复费发票；21. 承包

土地附属物明细登记；22. 万州区某某采石场矿山使用林地现场勘验报告及补充勘验报告；23. 万州区某某采石场关于现场勘验报告中 21 小班、22 小班的情况说明及 21 小班、22 小班现场照片；24. 万州区林业局关于某某采石场申报临时占用林地有关的说明；25. 重庆市万州区林业局关于加强临时占用林地监管工作的通知；26. 证人刘某某、成某某、夏某某、成某某、闫某某的证人证言；27. 被告人成某某的供述和辩解；28. 万州区某某采石场植被恢复方案；29. 被告人成某某对公益诉讼的答辩意见。

（四）判案理由

重庆市万州区人民法院经审理认为：森林是国家和人民的宝贵资源，是人类生存环境的重要保障。林地是森林赖以存在的基础，是生态保护的重要构成，林地保护对国家持续、健康发展具有重要意义。《中华人民共和国森林法》第十八条规定，进行勘查、开采矿藏和各项建设工程，应当不占或少占林地；必须占用或者征用林地的，经县级以上人民政府林业主管部门审核同意后，依照有关土地管理的法律、行政法规办理建设用地审批手续，并由用地单位依照国务院有关规定缴纳森林植被恢复费。第二十三条规定，禁止毁林开垦和毁林采石、采砂、采土以及其他毁林行为。《中华人民共和国土地管理法》第四条规定，"国家实行土地用途管制制度……前款所称农用地……包括耕地、林地……使用土地的单位和个人必须严格按照土地利用总体规划确定的用途使用土地"。被告人成某某违反土地管理法规，非法占用林地 37.2 亩，改变被占用林地用途，造成林地毁坏，数量较大，其行为已构成非法占用农用地罪。

被告人成某某犯罪后经电话通知到案，系自动投案，并如实供述自己的罪行，根据《中华人民共和国刑法》第六十七条第一款的规定，系自首，可以从轻或者减轻处罚；被告人成某某自愿认罪认罚，根据《中华人民共和国刑事诉讼法》第十五条之规定，可以从宽处理；被告人成某某进行了复绿，虽然没有经过行政部门的验收，但其积极悔罪的态度应当予以认可；被告人成某某主动缴纳罚金，履行公益诉讼请求并向生态修复公益基金账户缴纳生态修复费，该认罪悔罪、积极履行生态修复义务行为应予以肯定，可在量刑时酌情予以考量；被告人成某某系初犯，社会危害性不大，没有再犯罪的危险，宣告缓刑对所居住社区没有重大不良影响，可以对其宣告缓刑。据此，对被告人成某某及其辩护人从轻处罚、从宽处理的辩护理由予以采纳。根据被告人成某某的犯罪情节和悔罪表现，对公诉机关判处被告人成某某有期徒刑一年六个月，缓刑二年六个月，并处罚金人民币 20000 元的量刑建议，部分予以采纳。

对重庆市万州区人民检察院以公益诉讼起诉人提起附带民事公益诉讼的请求，重庆市万州区人民法院认为，林地是林业发展的根本，是森林和野生动物生存与发展的根基，是国家发展的基础性自然资源和战略性经济资源。被告人成某某的犯罪行为对林地资源造成破坏，损害了国家财产和社会公共利益，应承担赔偿损失的侵权责任。附带民事公益诉讼起诉人依据的《重庆市万州区某某采石场植被恢复方案》，系具有林业设计资质的单位作出，有具体的恢复依据、标准、技术措施和费用计算方法，客观公正，所需生态修复费149258元的评估意见应予以采纳；评估费用5000元，系附带民事公益诉讼起诉人为本案诉讼而产生的合理开支，应由被告人成某某承担；被告人成某某的侵权行为，破坏林地资源，影响社会公众对自然环境的美好期待，影响社会公众享有美好生态环境的精神利益，应在其侵权行为影响范围内向社会公众赔礼道歉。据此，附带民事公益诉讼起诉人提起的公益诉讼请求符合法律规定，本院予以支持；被告人成某某虽然在诉讼中履行了公益诉讼的请求，为弘扬生态文明建设，践行"恢复性司法"理念，实现人民法院裁判文书在保护生态环境中的司法确定力，对附带民事公益诉讼起诉人的公益诉讼请求亦应在判决中予以确认；被告人成某某主动履行公益诉讼请求，并自愿另行向生态修复公益基金账户缴纳生态修复费，系弥补其对生态环境造成的影响，该行为应予以褒扬。

（五）定案结论

重庆市万州区人民法院为保护生态环境，维护社会公共利益，依法惩处破坏林地资源的犯罪活动，根据被告人成某某的犯罪事实、社会危害程度、情节、认罪悔罪表现，依照《中华人民共和国刑法》第三百四十二条、第五十二条、第五十三条第一款、第六十七条第一款、第七十二条第一款、第七十二条第三款、第七十三条第二款、第七十三条第三款，《最高人民法院关于审理破坏林地资源刑事案件具体应用法律若干问题的解释》第一条，《最高人民法院、最高人民检察院关于检察公益诉讼案件适用法律若干问题的解释》第四条、第二十条，《中华人民共和国环境保护法》第四条第一款、第六十四条，《中华人民共和国侵权责任法》第二条、第四条、第十五条，《中华人民共和国刑事诉讼法》第十五条、第一百零一条第二款、第一百零三条、第一百零四条，《最高人民法院关于适用〈中华人民共和国刑事诉讼法〉的解释》第一百四十二条第一款、第一百四十三条第一款第（一）项、第一百六十三条，《中华人民共和国民事诉讼法》第五十五条之规定，判决如下：

一、被告人成某某犯非法占用农用地罪，判处有期徒刑一年二个月，缓刑二年，并处罚金人民币20000元（已缴纳）；

二、被告人成某某向生态修复费专项账户缴纳生态修复费149258元；

三、被告人成某某承担评估费用5000元；

四、被告人成某某在重庆市市级新闻媒体上公开向社会公众赔礼道歉。

（六）解说

本案系非法占用林地破坏林业资源，检察机关提起刑事附带民事公益诉讼的案件。在案件审理过程中，通过对民事公益诉讼请求进行合法审查，对民事公益诉讼请求与刑事处罚进行有机结合，较好地实现了刑罚目的，体现了刑法价值。林地是森林赖以存在的基础，是生态保护的重要构成，林地保护对国家持续、健康发展具有重要意义，我国制定了相应的法律、法规。《中华人民共和国森林法》第十八条规定，进行勘查、开采矿藏和各项建设工程，应当不占或少占林地；必须占用或者征用林地的，经县级以上人民政府林业主管部门审核同意后，依照有关土地管理的法律、行政法规办理建设用地审批手续，并由用地单位依照国务院有关规定缴纳森林植被恢复费。第二十三条规定，禁止毁林开垦和毁林采石、采砂、采土以及其他毁林行为。《中华人民共和国土地管理法》第四条规定，使用土地的单位和个人必须严格按照土地利用总体规划确定的用途使用土地。本案被告人成某某非法占用林地，改变林地用途，对破坏林业管理秩序的犯罪行为应承担刑事责任。林地是林业发展的根本，是森林和野生动物生存与发展的根基，是国家发展的基础性自然资源和战略性经济资源。

被告人成某某的犯罪行为对林地资源造成破坏，已损害国家财产和社会公共利益，应承担赔偿损失的侵权责任。被告人成某某的侵权行为，破坏林地资源，影响社会公众对自然环境的美好期待，影响社会公众享有美好生态环境的精神利益，应在其侵权行为影响范围内向社会公众赔礼道歉。如何承担该侵权责任并与刑事处罚相结合，以维护社会基本秩序，是人民法院在环境司法中绿色发展理念的具体实践。本案诉讼中，通过有林业设计资质的单位制定了《重庆市万州区某某采石场植被恢复方案》，确定了具体的恢复依据、标准、技术措施、费用计算方法，具有现实可操作性，为被告人履行民事公益诉讼请求确定了依据。被告人成某某接受人民法院的审判，主动缴纳罚金，在履行民事公益诉讼请求后，自愿另行向生态修复公益基金账户缴纳生态修复费 71742 元。基于被告人的上述认罪、悔罪、积极恢复生态等行为，法院对其量刑时酌情予以考量，从轻处罚、从宽处理，并适用了缓刑。通过本案的审理，人民法院弘扬生态文明建设，践行“恢复性司法”理念，惩罚了罪犯，维护了社会秩序，也体现了刑法的宽严相济。同时，对被告人自愿履行附带民事公益诉讼请求、自愿另行向生态修复公益基金账户缴纳生态修复费的行为，通过在判决中确认，实现人民法院裁判文书在保护生态环境中的司法确定力和对行为人修复生态环境行为的褒扬，体现了法律效果与社会效果的有机统一。

编写人：重庆市万州区人民法院　王翔

3

蒋某某、刘某某非法猎捕、杀害珍贵、濒危野生动物刑事附带民事公益诉讼案

（非法猎捕国家重点保护的珍贵、濒危野生动物，构成非法猎捕珍贵、濒危野生动物罪①）

（一）首部

1. 裁判文书字号

一审判决书：重庆市万州区人民法院（2019）渝0101刑初791号刑事判决书

二审裁定书：重庆市第二中级人民法院（2020）渝02刑终162号刑事裁定书

2. 案由：非法猎捕、杀害珍贵、濒危野生动物罪。

3. 诉讼双方

公诉机关暨附带民事公益诉讼起诉人：重庆市万州区人民检察院。

被告人：蒋某某，男，农民，住重庆市巫溪县。

被告人：刘某某，男，农民，住重庆市巫溪县。

4. 审级：二审。

5. 审判机关和审判组织

一审审判机关：重庆市万州区人民法院。

合议庭组成人员：审判长，王翔 ；审判员，程红兵、黄华；人民陪审员，张波、包晓玲、胡光祥、张成康。

二审审判机关：重庆市第二中级人民法院。

合议庭组成人员：审判长，李青春；审判员，刘康、张燕。

6. 审结时间：2019年12月12日。

---

① 根据2021年2月26日公布的《最高人民法院、最高人民检察院关于执行〈中华人民共和国刑法〉确定罪名的补充规定（七）》，该罪名修改为“危害珍贵、濒危野生动物罪”。

（二）诉辩主张

1. 公诉机关指控称

2018 年 9 月，被告人蒋某某在巫溪县某某国家森林公园小地名“灯盏窝”处发现有野猪出没，遂购买逆变器、电瓶等猎捕工具。之后，雇请汪某某在该地一起架设电网，用逆变器、电瓶等猎捕工具及自制绞线套猎捕野生动物。

2. 附带民事公益诉讼起诉人诉称

被告人蒋某某、刘某某非法猎捕珍贵、濒危野生动物及“三有动物”，2019 年 6 月 25 日，经重庆市动物学会《关于蒋某某、刘某某涉嫌非法猎捕珍贵、濒危野生动物刑事附带民事公益诉讼案中被猎捕的野生动物价值的评估报告》的评估，10 只野生动物总价值人民币 72900 元。其中 1 只鬣羚价值人民币 50000 元、4 只毛冠鹿价值人民币 12000 元、2 只红腹锦鸡价值人民币 10000 元、毛野鸡价值人民币 900 元。二被告人的犯罪行为损害社会公共利益，根据《中华人民共和国野生动物保护法》第三条、第六条，《中华人民共和国环境保护法》第四条第一款、第六十四条，《中华人民共和国侵权责任法》第二条第一款、第四条第一款、第十五条之规定，被告人蒋某某、刘某某应当承担民事侵权责任，请求人民法院依法判令：1. 被告人蒋某某、刘某某共同赔偿国家野生动物资源损失人民币 11000 元，被告人蒋某某赔偿国家野生动物资源损失人民币 61900 元；2. 被告人蒋某某、刘某某共同支付本案评估费人民币 3000 元、公告费人民币 1000 元；3. 被告人蒋某某、刘某某在市级新闻媒体上公开向社会赔礼道歉。

3. 被告人蒋某某辩称

对公诉机关的指控无异议，自愿认罪认罚。辩护身有残疾，家庭经济困难，请求法院宽大处理。对附带民事公益诉讼起诉人提起公益诉讼的事实无异议，愿意履行公益诉讼请求。

4. 被告人刘某某辩称

对公诉机关的指控无异议，自愿认罪认罚。辩护庄稼被野猪毁坏，为了保护庄稼才去猎捕野猪，请求法院从轻处罚。对附带民事公益诉讼起诉人提起公益诉讼的事实无异议，愿意履行公益诉讼请求。

（三）事实和证据

重庆市万州区人民法院经公开审理查明：2018 年 9 月，被告人蒋某某在巫溪县某某国家森林公园小地名“灯盏窝”处发现有野猪出没，便雇请汪某某在该地一起架设电网，用购买的逆变器、电瓶等猎捕工具及自制绞线套猎捕野生动物。猎获疑似明鬃羊 1 只、疑似青麂 2 只、疑似锦鸡 1 只、疑似毛野鸡 3 只。被告人蒋某某将猎获的疑似明鬃羊肢解后把其中一只腿出售给刘某某，非法获利人民币 500 元，其余猎获物部分销售或运回家中存放；2018 年 10 月 20 日左右，被告人蒋某某以人民币 200 元/天的价格雇请被告人刘某某到巫溪县某某国家森林公园小地名“灯盏窝”处使用逆变器、电瓶等猎捕工具猎捕野生动物，猎获疑似青麂2只，并将其肢解后运回被告人蒋某某家中存放；2018年10月28日，被告人蒋某某再次邀约被告人刘某某到巫溪县某某国家森林公园小地名“灯盏窝”处使用逆变器、电瓶等猎捕工具猎捕野生动物，2018年10月30日晨，被巫溪县森林公安局民警现场抓获。经现场检查，在小地名“灯盏窝阳坡”处查获被电死的疑似锦鸡1只。

经重庆市林业司法鉴定中心鉴定，送检的1只疑似明鬃羊（部分屠体）为鬣羚，被列入《濒危野生动植物种国际贸易公约》附录I，为国家二级重点保护野生动物；1只疑似青麂为毛冠鹿，被列入《有重要生态、科学和社会价值的陆生野生动物名录》；2只疑似锦鸡为红腹锦鸡，为国家二级重点保护野生动物。

2019年6月25日，经重庆市动物学会《关于蒋某某、刘某某涉嫌非法猎捕珍贵、濒危野生动物刑事附带民事公益诉讼案中被猎捕的野生动物价值的评估报告》的评估，10只野生动物总价值人民币72900元。其中1只鬣羚价值人民币50000元、4只毛冠鹿价值人民币12000元、2只红腹锦鸡价值人民币10000元、毛野鸡价值人民币900元。

上述事实有下列证据证明：

1. 受案登记表；2. 立案决定书；3. 户籍资料；4. 抓获经过；5. 认罪认罚具结书；6. 司法鉴定意见书；7. 鉴定意见告知书；8. 现场照片；9. 现场勘验笔录；10. 提取笔录及照片；11. 辨认笔录及照片；12. 巫溪县林业局关于划定陆生野生动物禁猎区和禁猎期通告；13. 蒋某某家庭情况及证明；14. 提起公益诉讼的公告；15. 公告费发票；16. 评估报告；17. 评估费发票；18. 工作回函；19. 残疾证；20. 证人刘某某、尤某某、杨某某、杨某某、刘某某、刘某某、赵某某、张某某的证言；21. 被告人蒋某某、刘某某的供述和辩解。

（四）判案理由

重庆市万州区人民法院经审理认为：珍贵、濒危野生动物具有不可替代性和难以恢复性，我国对珍贵、濒危的野生动物实行重点保护，禁止任何单位和个人非法猎捕。被告人蒋某某、刘某某违反国家关于保护野生动物资源的管理法规，非法猎捕国家重点保护的珍贵、濒危野生动物，其行为触犯了《中华人民共和国刑法》第三百四十一条第一款、第二十五条第一款之规定，犯罪事实清楚，证据确实充分，已构成非法猎捕珍贵、濒危野生动物罪，公诉机关指控的事实及罪名均成立，本院予以支持。被告人蒋某某、刘某某共同实施猎捕国家重点保护的珍贵、濒危野生动物的行为，构成共同犯罪。在共同犯罪中，被告人蒋某某出资购买作案工具、提出犯意并积极主动实施犯罪行为，在共同犯罪中起主要作用，是主犯，根据《中华人民共和国刑法》第二十六条第四款的规定，应当按照其参与的全部犯罪处罚；被告人刘某某在共同犯罪中起次要和辅助作用，是从犯，根据《中华人民共和国刑法》第二十七条的规定，应当从轻处罚。被告人蒋某某、刘某某归案后，均如实供述其犯罪事实，认罪认罚，根据《中华人民共和国刑法》第六十七条第三款、《中华人民共和国刑事诉讼法》第十五条的规定，可以从轻处罚，从宽处理。公诉机关对被告人蒋某某判处二年以下有期徒刑、并处罚金，对被告人刘某某判处一年以下有期徒刑、并处罚金的量刑建议本院予以采纳。对重庆市万州区人民检察院以公益诉讼起诉人提起附带民事公益诉讼，主张被告人蒋某某、刘某某共同赔偿国家野生动物资源损失人民币 11000 元，被告人蒋某某赔偿国家野生动物资源损失人民币 61900 元，被告人蒋某某、刘某某在市级新闻媒体上公开向社会公众赔礼道歉并共同支付本案中产生的野生动物价值损失评估费人民币 3000 元、公告费人民币 1000 元的诉讼请求，本院认为，野生动物资源是大自然给予人类的宝贵财富，科学保护与合理利用是维护生态平衡、社会持续发展的基石。二被告人的犯罪行为对野生动物资源造成破坏，损害了社会公共利益，应承担赔偿损失的侵权责任。被告人蒋某某、刘某某共同侵权造成野生动物资源损失人民币 11000 元，应共同承担赔偿责任；被告人蒋某某独立实施的侵权行为造成野生动物资源损失人民币 61900 元，应由被告人蒋某某承担赔偿责任。被告人蒋某某、刘某某的侵权行为，破坏生态平衡和生物多样性，破坏社会公众对自然环境的美好期待，影响社会公众享有美好生态环境的精神利益，二被告人应在其侵权行为影响范围内向社会公众赔礼道歉。野生动物价值损失评估费人民币 3000 元、公告费人民币 1000 元系附带民事公益诉讼起诉人为本案诉讼而产生的合理开支，应由二被告人承担。据此，附带民事公益诉讼起诉人提起的公益诉讼请求符合法律规定，本院予以支持。

（五）定案结论

重庆市万州区人民法院为保护野生动物资源，维护社会公共利益，依法惩处破坏野生动物资源的犯罪活动，根据被告人蒋某某、刘某某的犯罪事实、情节和社会危害程度，依照《中华人民共和国刑法》第三百四十一条第一款、第二十五条、第二十六条第一款、第二十七条、第五十二条、第五十三条、第六十四条、第六十七条第三款，《最高人民法院关于审理破坏野生动物资源刑事案件具体应用法律若干问题的解释》第一条，《最高人民法院、最高人民检察院关于检察公益诉讼案件适用法律若干问题的解释》第四条、第二十条，《中华人民共和国环境保护法》第六十四条，《中华人民共和国侵权责任法》[①] 第二条、第四条、

---

① 《中华人民共和国民法典》于 2021 年 1 月 1 日起实施，《中华人民共和国婚姻法》《中华人民共和国继承法》《中华人民共和国民法通则》《中华人民共和国收养法》《中华人民共和国担保法》《中华人民共和国合同法》《中华人民共和国物权法》《中华人民共和国侵权责任法》《中华人民共和国民法总则》同时废止。最高人民法院对相关司法解释也进行了废止或修改。本书收录的案例均裁判于《中华人民共和国民法典》生效前，适用的是当时有效的法律法规及司法解释，下文将不再对此进行提示。

第十五条，《中华人民共和国刑事诉讼法》第十五条、第一百零一条第二款、第一百零三条、第一百零四条，《最高人民法院关于适用〈中华人民共和国刑事诉讼法〉的解释》第一百四十二条第一款、第一百四十三条第（一）项、第一百六十三条，《中华人民共和国民事诉讼法》第五十五条之规定，判决如下：

一、被告人蒋某某犯非法猎捕珍贵、濒危野生动物罪，判处有期徒刑十一个月，并处罚金人民币3000元（限本判决生效后五日内缴纳）；

（刑期从判决执行之日起计算。判决执行以前先行羁押的，羁押一日折抵刑期一日，即自2019年11月26日起至2020年10月25日止；罚金自本判决生效后五日内向本院缴纳。）

二、被告人刘某某犯非法猎捕珍贵、濒危野生动物罪，判处有期徒刑六个月，并处罚金人民币2000元；

（刑期从判决执行之日起计算。判决执行以前先行羁押的，羁押一日折抵刑期一日，即自2019年11月26日起至2020年5月25日止；罚金自本判决生效后五日内向本院缴纳。）

三、被告人蒋某某违法所得人民币500元予以没收；

四、扣押在案的作案工具逆变器一台、电瓶一台、尖刀二把、漆刀一把、砍刀一把、弯刀一把、扎丝五圈及动物死体，予以没收、销毁；

五、被告人蒋某某、刘某某共同赔偿国家野生动物资源损失11000元，被告人蒋某某赔偿国家野生动物资源损失61900元，在本判决生效后五日内付清；

六、被告人蒋某某、刘某某共同承担本案评估费3000元、公告费1000元，在本判决生效后五日内付清；

七、被告人蒋某某、刘某某在市级新闻媒体上公开向社会赔礼道歉。

（六）二审情况

1. 二审诉辩主张

重庆市万州区人民法院一审宣判后，被告人蒋某某不服，以自己系因其农作物被野猪毁坏，为了生存不得已进行的违法行为以及案发后认罪悔罪，积极赔偿，家庭有实际困难为由。向重庆市第二中级人民法院提起上诉，请求对其适用缓刑。

2. 二审事实和证据

经审理查明的事实和证据与一审相同。

3. 二审判案理由

重庆市第二中级人民法院经审理认为，上诉人蒋某某、原审被告人刘某某违反国家关于保护野生动物资源的管理法规，非法猎捕国家重点保护的珍贵、濒危野生动物，其行为已构成非法猎捕珍贵、濒危野生动物罪，应依法承担相应的刑事、民事责任。蒋某某上诉提出是因为其农作物被野猪毁坏，为了生存才猎捕野猪的理由，经查，蒋某某、刘某某在侦查阶段对其犯意未作上述辩解，且案发地至至蒋某某家路途遥远，案发地周边并无农作物，故蒋次安该上诉理由不成立，本院不予采纳。蒋某某及辩护人提出蒋某某到案后如实供述犯罪事实，积极赔偿，认罪态度好的理由原判已作认定并在量刑时充分考虑，本院不再采纳。蒋某某及其辩护人提出请求对蒋某某适用缓刑的理由，鉴于蒋某某的犯罪事实、性质、情节，不宜对其适用缓刑。原判认定事实和适用法律正确，量刑适当，审判程序合法。

4. 二审定安结论

重庆市第二中级人民法院依照《中华人民共和国刑事诉讼法》第二百三十六条第一款第（一）项的规定，裁定：

驳回上诉，维持原判。

（七）解说

珍贵、濒危野生动物具有不可替代性和稀缺性，我国对珍贵、濒危的野生动物实行重点保护，禁止任何单位和个人非法猎捕。本案中，二被告人非法猎捕国家重点保护的珍贵、濒危野生动物，对野生动物的种群资源造成破坏，依法应当给予刑事处罚。此外，野生动物资源是大自然给予人类的宝贵财富，科学保护与合理利用是维护生态平衡、社会持续发展的基石。二被告人的犯罪行为对珍贵、濒危野生动物资源造成破坏，破坏生态平衡和生物多样性，损害了社会公共利益，破坏社会公众对自然环境的美好期待，影响社会公众享有美好生态环境的精神利益，应承担赔偿损失的侵权责任并在其侵权行为影响范围内向社会公众赔礼道歉。通过本案审理，实现了司法对野生动物特别是珍贵、濒危野生动物资源的保护，同时，通过以媒体向社会公众赔礼道歉方式，以案说法，从而能够在全社会范围内引起重视，呼吁全社会提高保护野生动物资源的意识，全民参与保护野生动物。

编写人：重庆市万州区人民法院 王翔

4

鲍某良、陈某荣污染环境案

（非法处置危险废物的认定）

（一）首部

1. 裁判文书字号

重庆市渝北区人民法院（2019）渝0112刑初1744号刑事判决书

2. 案由：污染环境罪。

3. 诉讼双方

公诉机关：重庆市渝北区人民检察院。

被告人：鲍某良。

辩护人：张某，重庆某律师事务所律师。

被告人：陈某荣。

辩护人：杨某，重庆某律师事务所律师。

4. 审级：一审。

5. 审判机关和审判组织

审判机关：重庆市渝北区人民法院。

合议庭组成人员：审判员，赵文芬；人民陪审员，王建军、王应碧。

6. 审结时间：2020年4月17日。

（二）诉辩主张

1. 公诉机关指控称

2015年3月至2019年3月，被告人鲍某良在重庆市璧山区健龙镇睦佳村2组一处厂房内从事废弃包装桶的回收、处置、销售活动。2018年7月，被告人鲍某良开始通过被告人陈某荣的介绍收购废弃包装桶。陈某荣在明知鲍某良没有危险废物经营许可证的情况下，仍与上汽通用G汽车股份有限公司重庆分公司（以下简称G重庆分公司）涂装车间的相关工作人员联系，将该车间使用过的、沾染有清洗溶剂、罩光清漆、补给溶剂等化学原料的废弃包装桶交给鲍某良处置，并以每个铁桶18元、每个塑料桶25元的价格向鲍某良收取费用。经查，被告人鲍某良通过陈某荣收购了沾染有清洗溶剂、罩光清漆、清漆稀释剂等化学原料的废弃铁桶共计9354个（重170.786吨），收购了沾染有补给溶剂、灰色浆、灰乳液等化学原料的废弃塑料桶共计5539个（重47.0815吨）。被告人鲍某良将上述废弃包装桶中的废弃塑料桶直接对外出售，并雇用工人在璧山区健龙镇睦佳村2组一处厂房内对上述部分废弃铁桶中残留的化学原料进行收集后使用香蕉水、乙醇等溶剂清洗后出售，对其中部分废弃铁桶切割成铁皮对外出售。被告人鲍某良在处置上述废弃包装桶时，未采取任何防治污染措施，放任废液流出污染环境。2019年3月6日，公安机关将鲍某良经营的厂房查获，并将鲍某良当场抓获。经检测，鲍某良厂房内土壤中石油类含量远高于背景土壤中石油类含量。经认定，被告人鲍某良从G重庆分公司涂装车间回收的废弃包装桶均为危险废物。2019年3月29日，被告人陈某荣接民警电话通知后至公安机关投案。被告人鲍某良、陈某荣到案后均如实供述了上述案件事实。案发后，鲍某良揭发他人犯罪行为，经查证属实。公诉机关认为，被告人鲍某良、陈某荣违反国家规定，非法处置危险废物，严重污染环境，后果特别严重，其行为已触犯《中华人民共和国刑法》第三百三十八条之规定，应当以污染环境罪追究其刑事责任。在共同犯罪中，被告人鲍某良起主要作用，是主犯；被告人陈某荣起次要作用，是从犯，分别具有《中华人民共和国刑法》第二十六条第一款、第二十七条第一款规定的量刑情节。被告人陈某荣犯罪后自首，被告人鲍某良到案后如实供述自己的罪行，且具有立功表现，分别具有《中华人民共和国刑法》第六十七条第一款、第六十七条第三款、第六十八条规定的量刑情节。

2. 被告人辩称

被告人鲍某良对指控的事实无异议。其辩护人的辩护意见是：1. 被告人鲍某良清洗废桶留下的废液均是作燃料燃烧，并没有随地排放，没有证据证明放任废液流出污染环境；2. 没有刑法所指非法处置废桶的行为，且将全部塑料桶、铁桶作为定罪事实是错误的；3. 认定废桶属于危险废物的证据不足。综上，事实不清、证据不足，应当按照“疑罪从无”的规定，不予追究刑事责任。即使构成犯罪，鉴于其如实供述，具有立功表现，依法应当减轻处罚。

被告人陈某荣对指控的事实和罪名均无异议。其辩护人的辩护意见是：1. 陈某荣系初犯，具有自首情节，在共同犯罪中是从犯；2. 愿意退赃，缴纳生态修复费及罚金，悔罪表现良好。综上，建议对其从轻、减轻处罚，并适用缓刑。

（三）事实和证据

经重庆市渝北区人民法院公开审理查明：2015年3月至2019年3月，被告人鲍某良在重庆市璧山区健龙镇睦佳村2组一处厂房内从事废弃包装桶的回收、处置、销售活动。2018

年7月，被告人鲍某良开始通过被告人陈某荣的介绍收购废弃包装桶。陈某荣在明知鲍某良没有危险废物经营许可证的情况下，仍与G重庆分公司涂装车间的相关工作人员联系，将该车间使用过的、沾染有清洗溶剂、罩光清漆、补给溶剂等化学原料并贴有标签的废弃包装桶交给鲍某良处置，并以每个废铁桶18元的价格向鲍某良收取费用。经查，被告人鲍某良通过陈某荣收购了沾染有清洗溶剂、罩光清漆、清漆稀释剂等化学原料的废弃铁桶共计9354个（重170.786吨），收购了沾染有补给溶剂、灰色浆、灰乳液等化学原料的废弃塑料桶共计5539个（重47.0815吨）。

被告人鲍某良将上述废弃包装桶中的废弃塑料桶直接对外出售，并雇用工人在璧山区健龙镇睦佳村2组一处厂房内对上述部分废弃铁桶中残留的化学原料进行收集后使用香蕉水、乙醇等溶剂清洗，清洗后的溶液出售给他人餐馆作燃料，还对其中部分废弃铁桶切割成铁皮对外出售。被告人鲍某良在处置上述废弃包装桶时，未采取任何防治污染措施。

经监测，厂房填埋土总石油烃含量明显高于背景土。餐馆炉灶排气筒出口排放的废气中颗粒物排放浓度不符合重庆市《大气污染综合排放标准》表一限值标准。

重庆市环境损害司法鉴定中心通过对原料及沾染原料的容器进行分析，于2019年9月9日作出司法鉴定意见，本案所涉清洗溶剂、清漆稀释剂、罩光清漆、补给溶剂等均属于HW49其他废物“未经使用而被所有人抛弃或者放弃的；淘汰、伪劣、过期、失效的；有关部门依法收缴以及接收的公众上交的危险化学品”，废物代码为900-999-49；本案所涉空铁桶、空塑料桶属于HW49其他废物“含有或沾染毒性、感染性危险废物的废弃包装物、容器、过滤吸附介质”，废物代码为900-041-49。

2019年3月6日，公安机关将鲍某良经营的厂房查获，并将鲍某良当场抓获。同年3月29日，被告人陈某荣接民警电话通知后至公安机关投案。被告人鲍某良、陈某荣到案后均如实供述了上述案件事实。案发后，鲍某良揭发他人犯罪行为，经查证属实。

庭审中，公诉人明确本案指控的犯罪数量不包括废塑料桶的数量，仅包括废铁桶的数量，即共9354个、重170.786吨。

另查明，2018年7月至2019年3月，为实时掌握拉废桶情况，G重庆分公司涂装车间的相关工作人员建立了微信群，每次鲍某良拉废桶后，相关人员均会在群里通报拉废桶的数量、剩下的废桶数量、下次拉废桶的时间，等等。根据该微信聊天记录统计，2018年7月21日至2019年3月5日，鲍某良共拉走废铁桶9675个。同时，工作人员每天均会将所使用原料、种类做好记录，每月由统计员上报给负责处理废桶的现场主管张某，本案指控废铁桶的数量9354个、重量170.786吨，就是依据张某提供的2018年7月至2019年3月加料表计算得来，加料表上载明了G重庆分公司涂装车间使用原料的种类和数量，以及使用之后会产生的空桶种类和数量。鲍某良从G重庆分公司涂装车间拉走的废桶上面均贴有标签，标签上标明了产品名称、毛重、净含量等。

2015年7月27日，被告人鲍某良因未取得危险废物经营处理资质擅自处置废油漆桶、废机油桶，被重庆市璧山区环境保护局行政处罚：1. 责令改正；2. 罚款70000元。2016年7月12日，被告人鲍某良因未取得危险废物经营许可证擅自从事危险废物的收集储存，被重庆市璧山区环境保护局行政处罚：1. 责令改正；2. 罚款100000元。两次罚款均已缴纳。

上述事实有下列证据证实：1. 受案登记表、立案决定书；2. 到案经过；3. 常住人口信息登记表；4. 刑事判决书、刑满释放人员通知书、行政处罚决定书；5. 关于危险废物处置项目商务合同；6. 张某提供的2018年7月至2019年3月加料表、现场来料表；7. 危险废物储存环节记录表；8. 原料入库表、出库表；9. 过磅单；10. 化学品安全技术说明书23份；11. 扣押物品清单、扣押笔录、提取笔录、封存笔录、现场清点笔录、现场称重笔录、物品称重清单；12. 微信转账截图；13. 鲍某良拉桶数据（代总——拉空桶群微信聊天记录整理）；14. 关于鲍某良举报污染环境线索的情况报告、关于鲍某良第八次供述中举报他人犯罪事实的查证情况说明；15. 市场服务合作协议、环境保护协议书、购销合同；16. 鲍某良账户交易明细；17. 委托检测报告单、监测报告两份；18. 司法鉴定意见书；19. 电子证据检查工作记录、现场勘验检查工作记录、辨认笔录、辨认现场笔录及照片；20. 视听资料、收集电子数据；21. 证人张某明、鲍某柚、邓某禄、戴某和、张某寿、吴某见、王某友、裴某清、丁某全、李某、代某、张某、李某喜、李某驹、杨某、刘某、管某、刘某强、王某、林某官的证言；22. 被告人鲍某良、陈某荣的供述和辩解等。

审理过程中，被告人陈某荣主动退赃168372元，自愿缴纳生态修复费20000元。

（四）判案理由

重庆市渝北区人民法院经审理认为：被告人鲍某良、陈某荣违反国家规定，非法处置危险废物，后果特别严重，其行为已构成污染环境罪，依法应予以刑罚处罚。本案查明，收集的废塑料桶均未进行处置直接出售，而废铁桶在微信群里统计的数据是9675个，在加料表里统计的数据是9354个，微信群统计的数据更大，是因为不排除鲍某良还拉走了G重庆分公司涂装车间以外的其他车间的废桶，且从有利于被告人的原则，可以认定加料表载明的废铁桶9354个、170.786吨为本案的犯罪数量。公诉机关指控的事实清楚，证据确实、充分，罪名成立。鲍某良的辩护人提出的事实不清、证据不足，建议宣告无罪的理由不成立，本院不予采纳。

被告人鲍某良有犯罪前科，且曾因污染环境违法行为受过行政处罚，可以酌定从重。在共同犯罪中起主要作用，是主犯，鉴于其到案后如实供述自己的罪行，且具有立功表现，依法予以从轻处罚。其辩护人提出鲍某良能够如实供述，具有立功表现，建议对其从轻处罚的理由成立，本院予以采纳。被告人陈某荣犯罪后自首；在共同犯罪中居间介绍，起次要作用，是从犯；审理过程中主动退赃并愿意修复生态，悔罪表现好，依法予以减轻处罚。对其辩护人提出的被告人陈某荣系初犯、从犯，具有自首情节，悔罪表现好，建议对其减轻处罚的意见，本院予以采纳。但根据本案的犯罪性质、犯罪情节以及危害后果等，不宜适用缓刑，故对辩护人的该意见不予采纳。

针对被告人鲍某良的辩护人提出的其他辩护意见，本院综合评述如下：

1. 关于鲍某良在处置废桶时是否放任废液流出污染环境的问题。经查，被告人鲍某良对桶内的残留物，一般会倾倒出来盛装在一个容器里单独出售，然后使用乙醇、香蕉水对废桶进行清洗，清洗后的溶液用吸尘器吸出来出售给他人作燃料，对其中品相差的铁桶不予清洗但会切割做成铁皮，倾倒、清洗和切割都不可避免有废液流到地面，被告人鲍某良对流出的废液用泡砂石、锯木面吸收，然后将吸收了废液的砂石等填到泥土地上，致使厂房内存在黑色土壤。上述事实与被告人鲍某良的供述、证人鲍某柚、邓某禄、戴某和、王某友、裴某清的证言等能够相互印证，形成锁链，足以证实被告人鲍某良在处置废桶时未采取任何防治措施，致使废液流到地面，无论是否放任废液流出还是流出多少，均会造成环境污染，不影响本案的定罪量刑。故对鲍某良的辩护人提出没有证据证明废液流出污染环境的意见不予采纳。

2. 关于鲍某良处置废桶废液的行为是否属刑法所指的“非法处置”行为问题。经查，本案所涉废铁桶及废铁桶里的残留物均是危险废物，鲍某良出售废铁桶前进行了一定处置：有的进行清洗并将溶液出售作燃料，有的进行切割并致残留物流出，不论是清洗、切割还是燃烧，由此产生的废液和废气均未采取任何污染防治措施，导致填埋土中总石油烃含量远高于背景土壤含量，废气中所含颗粒物排放浓度不符合标准。上述事实，有被告人鲍某良的供述、相关证人证言以及监测报告、委托监测报告单等相互印证。本院认为，被告人鲍某良的上述行为不仅违法造成环境污染，甚至危害人体健康，应当认定为刑法所指的“非法处置危险废物”。本案中，被告人鲍某良也有将废塑料桶未予处置而直接出售的情形，但公诉机关并未将废塑料桶纳入指控的犯罪数量。故对鲍某良的辩护人提出起诉书将全部塑料桶、铁桶数量都作为定罪事实以及鲍某良没有刑法所指非法处置废桶行为的意见不予采纳。

3. 关于本案废桶是否属危险废物的问题。鲍某良的辩护人提出，案发现场大量铁桶、塑料桶无标签标识，无证据证明属于危险废物。本院认为，本案指控和鉴定的废桶均不是案发现场存放的废桶，而是加料表上统计的有种类、有数量的废桶。经司法鉴定，本案所涉空铁桶、空塑料桶均属危险废物。故该辩护理由不能成立，本院不予采纳。

（五）定案结论

重庆市渝北区人民法院依照《中华人民共和国刑法》第三百三十八条、第二十五条第一款、第二十六条第一款、第二十七条、第六十七条第一款、第六十七条第三款、第六十八条第一款、第五十二条、第五十三条、第六十四条，《最高人民法院、最高人民检察院关于办理环境污染刑事案件适用法律若干问题的解释》第三条第（二）项的规定，判决如下：

一、被告人鲍某良犯污染环境罪，判处有期徒刑三年，并处罚金100000元；

二、被告人陈某荣犯污染环境罪，判处有期徒刑一年二个月，并处罚金50000元；

三、对被告人陈某荣的非法所得168372元予以追缴（已退）。

（六）解说

本案一审判决后，被告人未上诉，公诉机关未抗诉。“无废城市”建设的理念在于大力推进固体废物源头减量、资源化利用和无害化处置，危险废物作为固体废物中更加危险的一类，应该受到更加严格的管控。在推进“无废城市”建设过程中，也应当重点关注农村的固体废物污染情况，尤其应当遏制将危险废物非法转移倾倒到农村。

本案被告人鲍某良在没有危险废物经营许可证的情况下，通过被告人陈某荣从G重庆分公司涂装车间，收购并转移了沾染有清洗溶剂、罩光清漆、清漆稀释剂等化学原料的废弃铁桶共计9354个（重170.786吨），鲍某良以营利为目的，雇用工人在璧山区健龙镇睦佳村2组一处厂房内对上述部分废弃铁桶中残留的化学原料进行收集后使用香蕉水、乙醇等溶剂清洗，清洗后的溶液出售给他人餐馆作燃料，还对其中部分废弃铁桶切割成铁皮对外出售。该收集、清洗、切割行为产生的废液和废气，均未采取任何污染防治措施，导致填埋土中总石油烃含量远高于背景土壤含量，废气中所含颗粒物排放浓度不符合标准等环境污染，属于《最高人民法院、最高人民检察院关于办理环境污染刑事案件适用法律若干问题的解释》第十六条规定的情形，应当认定为“非法处置危险废物”。

编写人：重庆市渝北区人民法院 赵文芬 曾浩

5

黄某建盗伐林木案

（恢复性司法理念在生态破坏案件中的适用）

（一）首部

1. 裁判文书字号

重庆市渝北区人民法院（2019）渝0112刑初970号刑事判决书

2. 案由：盗伐林木罪。

3. 诉讼双方

公诉机关：重庆市渝北区人民检察院。

被告人：黄某建。

4. 审级：一审。

5. 审判机关和审判组织

审判机关：重庆市渝北区人民法院。

独任审判员：赵文芬。

6. 审结时间：2019年7月13日。

（二）诉辩主张

1. 公诉机关指控称

2018年11月1日，被告人黄某建在未经林木权属人西山林场同意，也未办理林木采伐许可证的情况下，手持油锯等工具到重庆市大足区玉龙镇朱家沟砍伐杉树33株，11月2日，被告人黄某建和雇用的6名工人在搬运砍伐的杉树时，被西山林场职工当场查获。2018年11月29日，经四川楠木林业司法鉴定中心鉴定，涉案33株杉树林木蓄积为3.9139立方米。2019年1月1日、1月3日、1月4日，被告人黄某建在未经林木权属人西山林场同意，亦未办理林木采伐许可证的情况下，手持油锯等工具到重庆市大足区拾万镇唐家山砍伐杉树44株，1月7日，被告人黄某建和雇用的6名工人在搬运砍伐的杉树时，被西山林场职工当场查获。2019年2月22日，经四川楠木林业司法鉴定中心鉴定，涉案44株杉树林木蓄积为

4.7500 立方米。2019 年 1 月 8 日，被告人黄某建被公安机关口头传唤到案，到案后如实供述了上述犯罪事实，作案工具红色油锯已被公安机关扣押。公诉机关认为，被告人黄某建的行为构成盗伐林木罪，具有自首情节，并承认指控的犯罪事实，愿意接受处罚，建议判处一年以下有期徒刑，并处罚金。

2. 被告人辩称

被告人黄某建对指控事实、罪名及量刑建议无异议且签字具结，在开庭审理过程中亦无异议。

（三）事实和证据

经重庆市渝北区人民法院公开审理查明：2018 年 11 月 1 日，被告人黄某建在未经林木权属人西山林场同意，也未办理林木采伐许可证的情况下，手持油锯等工具到重庆市大足区玉龙镇朱家沟砍伐杉树 33 株，11 月 2 日，被告人黄某建和雇用的 6 名工人在搬运砍伐的杉树时，被西山林场职工当场查获。2018 年 11 月 29 日，经四川楠木林业司法鉴定中心鉴定，涉案 33 株杉树林木蓄积为 3.9139 立方米。

2019 年 1 月 1 日、1 月 3 日、1 月 4 日，被告人黄某建在未经林木权属人西山林场同意，亦未办理林木采伐许可证的情况下，手持油锯等工具到重庆市大足区拾万镇唐家山砍伐杉树 44 株，1 月 7 日，被告人黄某建和雇用的 6 名工人在搬运砍伐的杉树时，被西山林场职工当场查获。2019 年 2 月 22 日，经四川楠木林业司法鉴定中心鉴定，涉案 44 株杉树林木蓄积为 4.7500 立方米。

2019 年 1 月 8 日，被告人黄某建被公安机关口头传唤到案，到案后如实供述了上述犯罪事实，作案工具红色油锯已被公安机关扣押。

2019 年 1 月 11 日，重庆市大足区林业局与被告人黄某建签订《生态环境损害赔偿协议》，约定被告人黄某建可选择在林业部门指定地点自行补种杉树 330 株。后黄某建补栽了光皮树苗，同年 4 月 25 日，重庆市大足区林业局及西山林场管护站对光皮树苗生长情况进行了验收，长势良好。

上述事实有下列证据证实：

1. 受案登记表、立案决定书；2. 到案经过；3. 户籍信息；4. 现场勘查笔录、测量笔录；5. 鉴定评估报告；6. 扣押决定书、扣押清单；7. 情况说明及照片；8. 林权证、权属分布图；9. 重庆市大足区林业局生态环境损害赔偿磋商告知书；10. 生态环境损害赔偿协议；11. 证人谢某兵、唐某伟、邓某彬、陈某明、马某兵、郑某云、曹某建、邓某春、周某恩等人的证言；12. 被告人黄某建的供述和辩解。

（四）判案理由

重庆市渝北区人民法院经审理认为：公诉机关指控被告人黄某建犯盗伐林木罪的事实清

楚，证据确实、充分，罪名成立，量刑建议适当，应予采纳。鉴于被告人黄某建如实供述自己的罪行，认罪认罚，具有自首情节，主动进行生态环境修复，依法予以从轻处罚。

（五）定案结论

重庆市渝北区人民法院依照《中华人民共和国刑法》第三百四十五条、第六十七条第一款、第五十二条、第五十三条、第六十四条，《最高人民法院关于审理破坏森林资源刑事案件具体应用法律若干问题的解释》第三条第（一）项、第四条之规定，作出如下判决：

一、被告人黄某建犯盗伐林木罪，判处有期徒刑九个月，并处罚金10000元；

二、对供犯罪所用的油锯一把予以没收。

（六）解说

本案系注重恢复性司法理念在实践中的运用和深化发展的案例。环境资源审判的特点和重要意义在于，通过审理实现对被污染和破坏的生态环境的修复，以及审理过程中恢复性司法理念的贯穿运用和深化发展。本案中，被告人黄某建擅自砍伐他人所有的林木，数量较大，依法应当给予严厉的刑事打击。但鉴于被告人自愿与当地林业局签订《生态环境损害赔偿协议》，约定被告人自行补种树木，后被告人及时履行了补种义务并经验收合格，使被破坏的生态环境及时得到修复，将该情节作为从轻处罚的重要依据，判处被告人黄某建有期徒刑九个月并处罚金，是对被告人及时修复生态环境的肯定，实现了惩治犯罪与修复生态相统一。

编写人：重庆市渝北区人民法院　赵文芬　马菲菲　曾浩

6

重庆A印染有限公司等污染环境刑事附带民事公益诉讼案

（司法鉴定的严格审查）

（一）首部

1. 裁判文书字号

重庆市渝北区人民法院（2018）渝0112刑初1458号刑事判决书

2. 案由：污染环境罪。

3. 诉讼双方

公诉机关暨附带民事公益诉讼起诉人：重庆市渝北区人民检察院。

被告单位暨附带民事公益诉讼被告人：重庆A印染有限公司。

法定代表人：郑某。

诉讼代表人：郑某均，该公司总经理。

委托代理人：毛某志，重庆某律师事务所律师。

被告人：郑某。

辩护人：邓某青，重庆某律师事务所律师。

被告人：严某峰。

辩护人：黄某芳，重庆某律师事务所律师。

被告人：贺某金。

辩护人：幸某，重庆某律师事务所律师。

4. 审级：一审。

5. 审判机关和审判组织

审判机关：重庆市渝北区人民法院。

合议庭组成人员：审判长，赵文芬；审判员，沈远东、陈果；人民陪审员，王先容、晏慧耘、彭钦梅、刘运祥。

6. 审结时间：2019年2月2日。

（二）诉辩主张

1. 公诉机关指控称

被告单位重庆A印染有限公司（以下简称A公司）于2010年9月29日，在重庆市沙坪坝区回龙坝镇青龙庙村罗家坝社注册成立，主要经营范围为印染浆纱、棉纱加工等。2014年11月24日，A公司法定代表人变更为被告人郑某。2018年1月，被告单位A公司污水处理负责人被告人严某峰向被告人郑某提出，因A公司订单较多导致污水处理能力不足，提议将污水池中的废水通过私设暗管的方式排出，以加速污水处理。被告人郑某表示同意，并安排被告人严某峰负责具体实施。被告人严某峰遂自行购买水泵，后安排被告人贺某金一起铺设暗管、安装水泵。暗管铺设完毕后，被告人贺某金用水泵将未经处理的废水直接排放至雨水沟，进而排放至梁滩河中。2018年4月27日，A公司被环保部门查获。经查，A公司通过暗管排放的废水中，化学需氧量、苯胺、色度的含量分别为4360mg/L、2.19mg/L、2000倍，超过《污水综合排放标准》分别为54.5倍、2.19倍、40倍。经重庆市沙坪坝区环境保护局认定，苯胺属有毒物质。2018年5月15日，被告人郑某、严某峰、贺某金经民警电话传唤到案，三被告人到案后均如实供述了上述事实。公诉机关认为，被告单位A公司及被告人郑某、严某峰、贺某金故意违反国家规定，通过暗管排放有毒物质，严重污染环境，被告单位及三名被告人的行为均已触犯《中华人民共和国刑法》第三百三十八条之规定，应当以污染环境罪追究其刑事责任。被告人郑某、严某峰、贺某金犯罪后自首，具有《中华人民共和国刑法》第六十七条第一款规定的量刑情节。被告人郑某、严某峰系直接负责的主管人员，被告人贺某金系其他直接责任人员，符合《中华人民共和国刑法》第三十一条之规定。

2. 附带民事公益诉讼起诉人诉称

检察机关在履职中发现A公司污染环境损害社会公共利益。重庆市环境科学研究院对A公司废水直排造成的环境损害进行了评估，认为A公司外排废水中苯胺浓度超标，导致暗管排放口附近梁滩河水域生态环境受到损害。经公告，没有符合法律规定的机关和有关组织提起民事公益诉讼，被A公司破坏的生态环境仍未得到修复，社会公共利益仍处于受损状态。根据《中华人民共和国环境保护法》第四十二条第四款、第六十四条，《中华人民共和国侵权责任法》第十五条、第六十五条的规定，A公司应当承担侵权责任。根据《中华人民共和国民事诉讼法》第五十五条第二款，《最高人民法院、最高人民检察院关于检察公益诉讼案件适用法律若干问题的解释》第二十条的规定，提起刑事附带民事公益诉讼，请求判令A公司赔偿生态环境损害费用679980.17元，承担鉴证咨询服务费用100998元，并在国家级媒体刊登公告赔礼道歉。诉讼过程中，附带民事公益诉讼起诉人变更上述请求为：A公司赔偿生态环境损害费用301555.85元，承担鉴证咨询服务费用59186元，在国家级媒体刊登公告赔礼道歉。

3. 被告单位暨附带民事公益诉讼被告人、被告人辩称

被告单位暨附带民事公益诉讼被告人A公司对公诉机关指控的犯罪事实和罪名均无异议，请求从轻处罚；对附带民事公益诉讼请求第一项、第二项亦无异议，表示愿意承担民事责任，修复生态环境。对第三项诉讼请求，认为污水只进入了梁滩河，只需在重庆市级媒体刊登公告赔礼道歉。

被告人郑某对公诉机关指控的犯罪事实和罪名均无异议。其辩护人的辩护意见是：1. 被告人郑某系初犯，不是为了获得个人利益，具有自首情节，愿意缴纳罚金，其认罪态度和悔罪表现良好；2. 案发后，郑某积极采取有效措施，消除污染，防止损失扩大；3. 郑某作为法定代表人和实际管理人，还承担着重大社会责任，公司员工也希望支持民营企业，对其从轻处罚。综上，建议对郑某从轻处罚并适用缓刑。

被告人严某峰对公诉机关指控的犯罪事实和罪名均无异议。其辩护人的辩护意见是：1. 被告人严某峰系初犯，具有自首情节，其认罪态度和悔罪表现良好；2. 案发后，公司已积极配合环保部门的要求进行整改，足以表明公司及员工真诚悔过；3. 严某峰是为了公司利益，服从公司安排，所排污水已经过一定程序的处理，其重金属含量均符合相关标准，苯胺超标度较小。综上，建议对严某峰从轻处罚并适用缓刑。

被告人贺某金对公诉机关指控的犯罪事实和罪名均无异议。其辩护人的辩护意见是：1. 被告人贺某金系初犯，具有自首情节，愿意修复生态环境，其认罪态度和悔罪表现良好；2. 贺某金只是公司负责处理污水的员工，在严某峰安排下履行职务，并非为了个人利益，所排放的污水也是经过一定处理后再进行排放的。综上，建议对贺某金从轻处罚并适用缓刑。

（三）事实和证据

经重庆市渝北区人民法院公开审理查明：被告单位A公司于2010年9月29日在重庆市沙坪坝区回龙坝镇青龙庙村罗家坝社注册成立，主要经营范围为印染浆纱、棉纱加工等。被告人郑某系A公司法定代表人，被告人严某峰系污水处理负责人，被告人贺某金系负责排放污水的工人。

2018年1月，被告人严某峰向被告人郑某提出，因A公司污水处理站曝气池活性菌死亡，同时订单较多导致污水处理能力不足，建议在兼氧池设置抽水泵排放废水。被告人郑某表示同意，并安排被告人严某峰负责具体实施。当月月底，被告人严某峰遂购买水泵，并安排被告人贺某金一起安装水泵，在兼氧池与雨水沟间铺设暗管。暗管铺设完毕后，被告人贺某金不定时地用水泵将生产废水通过暗管直接排放至雨水沟，进而流入梁滩河。

2018年4月27日，A公司的上述违法行为被环保部门查获。经重庆市沙坪坝区生态环

境监测站监测，A公司通过暗管排放的废水中，化学需氧量、苯胺、色度的含量分别为4360mg/L、2.19mg/L、2000倍，分别超过《污水综合排放标准》的54.5倍、2.19倍、40倍。经重庆市沙坪坝区环境保护局认定，苯胺属有毒物质。2018年5月15日，被告人郑某、严某峰、贺某金经公安民警电话通知到案，三被告人到案后均如实供述了上述事实。

另查明，A公司在兼氧池内设置暗管排放的废水，已经过格栅、调节池、铁屑过滤、厌氧水解、接触氧化等工序处理，系经过了一定处理，但未完全处理的废水。案发后，A公司即停止了生产，拆除了水泵，封堵了暗管。并加大投入，购置环保设备，对污水处理站进行了改造升级，现已恢复生产。

上述事实有下列证据证实：

1. 受案登记表、立案决定书；2. 抓获经过；3. 常住人口信息表；4. 营业执照、工商登记信息；5. 扣押清单；6. 水处理运行记录；7. 排污许可证；8. 监测数据报表；9. 污水处理站工程项目合同；10. 污水采样原始记录；11. 现场勘验检查记录、现场指认笔录；12. 监测报告、关于苯胺属有毒物质的说明；13. 情况说明；14. 证人杜某伟、郑某维、赵某松、任某明、许某丹、郑某均的证言；15. 被告人郑某、严某峰、贺某金的供述与辩解。

针对附带民事公益诉讼，本院查明：梁滩河全长88公里，发源于重庆市九龙坡区，流经九龙坡、沙坪坝、北碚3区15镇，在北碚毛背沱汇入嘉陵江。重庆市环境科学研究院是环境保护部《关于印发〈环境损害鉴定评估推荐机构名录（第一批）〉的通知》中确认的鉴定评估机构。2018年11月30日，经重庆市沙坪坝区人民检察院委托，重庆市环境科学研究院作出《重庆君织都印染有限公司环境污染刑事附带民事公益诉讼案环境损害鉴定评估报告》，认定本案生态环境损害评估时间为2018年1月20日至2018年4月27日，根据A公司日均取水量为547.20吨计算该期间共取水53625.60吨，根据环境影响报告书可知其废水产生率为82.78%，故产生废水44391.27吨，而在线监测数据表明A公司该期间经处理后排放的废水为2520.57吨，因此该公司的偷排废水量为44391.27吨－2520.57吨＝41870.70吨。经调查该公司废水单位虚拟治理成本为4.06元/吨。本案偷排废水的受纳水体为梁滩河，而梁滩河环境功能区为Ⅳ类，根据《关于虚拟治理成本法适用情形与计算方法的说明》确定环境功能敏感系数为4，故本案造成的生态环境损害量化数额为4.06元/吨×41870.70吨×4＝679980.17元。审理过程中，因重庆市沙坪坝区人民检察院补充提供了鉴定资料，重庆市环境科学研究院于2018年12月24日作出《重庆君织都印染有限公司环境污染刑事附带民事公益诉讼案环境损害鉴定评估报告补充说明》，认定本案生态环境损害评估时间为2018年1月31日至2018年4月27日，根据前述计算方法，该期间共取水47606.40吨、产生废水39408.58吨，在线监测载明该期间经处理后排放的废水为2271.16吨，同时《重庆市地表水环境功能类别调整方案》载明梁滩河环境功能区为V类，根据《关于虚拟治理成本法适用情形与计算方法的说明》确定环境功能敏感系数为2，结合A公司废水单位虚拟治理成本，故本案造成的生态环境损害量化数额为4.06元/吨×37137.42吨×2=301555.85元。为此，重庆市沙坪坝区人民检察院实际支付鉴证咨询服务费用59186元。

重庆市沙坪坝区人民检察院于2018年8月9日在《检察日报》发布公告，该院在履行职责中发现A公司污染环境，损害了社会公共利益，督促符合条件的机关、社会组织在该公告发出后30日内提起公益诉讼。公告期满，没有符合法律规定的机关、有关组织提起公益诉讼，重庆市渝北区人民检察院遂根据重庆市人民检察院关于集中管辖的相关规定，提起附带民事公益诉讼。

审理过程中，附带民事公益诉讼被告人A公司主动预付了生态环境损害费用及鉴证咨询服务费用共计360741.85元。

上述事实有下列证据证明：1. 环境损害鉴定评估报告、环境损害鉴定评估报告补充说明；2. 现场勘验检查笔录；3. 资格证明文件、鉴证咨询费用发票、情况说明；4. 重庆市环境保护局关于重庆市生态环境损害咨询服务专家名单的函、专家名单；5. 2018年8月9日检察日报。

（四）判案理由

重庆市渝北区人民法院经审理认为：被告单位A公司违反国家规定，私设暗管排放有毒物质，严重污染环境，其行为已构成污染环境罪，依法应予以刑罚处罚。被告人郑某、严某峰应当作为该单位的直接负责的主管人员承担污染环境罪的刑事责任，被告人贺某金应当作为该单位的直接责任人员承担污染环境罪的刑事责任。

被告人严某峰、贺某金的辩护人提出，所排污水已经过一定程序的处理，有毒物质苯胺超标较小。该辩护意见经查证属实，本院予以采纳。

本案中，被告人郑某、严某峰、贺某金均系初犯，具有自首情节；案发后A公司立即停止生产，加大投入，积极整改，改造升级污染治理设施设备，有效解决了排污问题。被告人郑某作为公司的法定代表人，为民营经济的发展发挥了一定作用，案发后积极采取有效措施，防止污染，并积极赔偿生态环境损失，悔罪表现较好；被告人贺某金接受领导安排实施犯罪行为，悔罪表现较好，所起作用相对较小，在量刑时予以酌情考虑。综上，对三被告人依法予以从轻处罚。辩护人提出上述意见的理由成立，本院予以采纳。对被告人郑某、贺某金宣告缓刑对所居住的社区没有重大不良影响，符合接受社区矫正的条件，依法可以适用缓刑。

附带民事公益诉讼起诉人认为被告人A公司的行为污染了环境，损害了社会公共利益，依法应当承担民事责任。重庆市渝北区人民检察院发现A公司的环境犯罪行为后，在适格主体没有提起民事公益诉讼的情况下，提起附带民事公益诉讼，符合法律及司法解释的规定，要求A公司赔偿生态环境损害费用301555.85元、承担鉴证咨询服务费用59186元，本院予以支持，但生态环境损害费用应根据本地区实际用于开展生态修复。本案审理过程中，虽然公益诉讼起诉人变更了诉讼请求，本院认为，该变化系重庆市环境科学研究院依据沙坪坝区人民检察院补充提供的鉴定材料等调整了生态环境损害评估时间范围、环境功能敏感系数所致，公益诉讼起诉人变更诉讼请求理由正当，且并未损害社会公共利益，故对该请求依法予以准许。

关于公益诉讼起诉人要求附带民事公益诉讼被告人在国家级媒体刊登公告赔礼道歉的诉讼请求，A公司辩称应在重庆市级媒体刊登公告赔礼道歉，本院认为，水不仅是生命之源，更是实现中华民族伟大复兴与永续发展的重要战略资源，保护好水资源、维护生态系统安全需要全社会共同参与，A公司的环境犯罪行为严重影响该流域下游、左右岸不特定居民的环境权益，公开赔礼道歉不仅让附带民事公益诉讼被告人时刻自我警醒，也对他人此类行为具有警示与教育作用，因此公益诉讼起诉人要求赔礼道歉的诉讼请求本院予以支持；但由于水体具有自我净化能力，梁滩河发源于并流经重庆市内，本案中附带民事公益诉讼被告人通过暗管排放污染物特别是有毒物质超标倍数不多，其行为造成的生态环境影响应限于重庆市内，故本院认为附带民事公益诉讼被告人在重庆市级媒体刊登公告赔礼道歉即可，对附带民事公益诉讼被告人的该辩称意见本院予以采纳。

（五）定案结论

重庆市渝北区人民法院依照《中华人民共和国刑法》第三百三十八条、第三十条、第三十一条、第二十五条第一款、第六十七条第一款、第七十二条第一款、第七十三条第二款、第七十三条第三款、第五十二条，《中华人民共和国环境保护法》第四十二条第四款、第六十四条，《中华人民共和国侵权责任法》第六十五条，以及《最高人民法院、最高人民检察院关于检察公益诉讼案件适用法律若干问题的解释》第四条、第二十条之规定，作出如下判决：

一、被告单位A公司犯污染环境罪，判处罚金100000元（已预缴）；

二、被告人郑某犯污染环境罪，判处有期徒刑八个月，缓刑一年，并处罚金30000元；

三、被告人严某峰犯污染环境罪，判处有期徒刑八个月，并处罚金30000元；

四、被告人贺某金犯污染环境罪，判处有期徒刑六个月，缓刑一年，并处罚金20000元；

五、附带民事公益诉讼被告人A公司赔偿生态环境损失301555.85元（已预付）；

六、附带民事公益诉讼被告人A公司支付附带民事公益诉讼起诉人重庆市渝北区人民检察院鉴证咨询服务费用59186元（已预付）；

七、附带民事公益诉讼被告人A公司于本判决生效之日起一个月内在重庆市级媒体刊登公告赔礼道歉；

八、驳回附带民事公益诉讼起诉人重庆市渝北区人民检察院的其他诉讼请求。

（六）解说

该案系污染环境刑事附带民事公益诉讼案件，在判决被告单位和被告人承担污染环境刑事责任的同时，判决被告单位赔偿生态环境损害费用、鉴证咨询服务费用并在媒体公开赔礼道歉等民事责任。水不仅是生命之源，更是实现中华民族伟大复兴与永续发展的重要战略资源，保护好水资源、维护生态系统安全需要全社会共同参与，也是每个公民应尽的义务。该案中，被告单位为降低污水处置成本，通过铺设暗管将超标废水直排至雨水沟，进而流入嘉陵江一级支流梁滩河，严重影响该流域下游、左右岸不特定居民的环境权益，判决其赔偿生态环境损害费用、鉴证咨询服务费用并公开赔礼道歉不仅让犯罪行为人时刻自我警醒，也对他人此类行为具有警示与教育作用。该案承办法官细心审查鉴定评估报告，发现鉴定报告将应属Ⅴ类功能区的梁滩河确定为Ⅳ类，后及时与鉴定部门沟通，使错误的鉴定报告得到修正，被诉民营企业依法少赔数十万元。生态环境损害赔偿案件中，确定损害数额往往需要通过具有专业知识的鉴定评估机构做出鉴定评估报告，经庭审质证后作为证据采信。因鉴定机构所特有的专业性和权威性，人民法院往往信赖其鉴定评估报告的可靠性，加之法官自身在科学技术知识方面的薄弱性，导致实践中难以发现鉴定评估报告中的错误。该案承办法官凭借长期从事环境资源案件的审判经验，细心审查鉴定报告，让被诉民营企业依法少赔420236.32元。该案的审结为法院妥善审理环境资源刑事附带民事公益诉讼案件提供了借鉴和参考，是生态文明思想在司法审判中的具体应用。

编写人：重庆市渝北区人民法院　赵文芬　马菲菲　曾浩

7

重庆B农业发展有限公司等非法占用农用地案

（民营企业经招商引资进行农业开发应依法用地）

（一）首部

1. 裁判文书字号

重庆市渝北区人民法院（2019）渝0112刑初98号刑事判决书

2. 案由：非法占用农用地罪。

3. 诉讼双方

公诉机关：重庆市渝北区人民检察院。

被告单位：重庆B农业发展有限公司。

法定代表人：柏某。

诉讼代表人：程某，重庆B农业发展有限公司总经理。

被告人：柏某兵。

4. 审级：一审。

5. 审判机关和审判组织

审判机关：重庆市渝北区人民法院

合议庭组成人员：审判长，赵文芬；人民陪审员，王先容、王勇。

6. 审结时间：2019年3月1日。

（二）诉辩主张

1. 公诉机关指控称

2014年10月，被告人柏某兵与他人共同出资，成立重庆B农业发展有限公司（以下简称B公司）。该公司成立之初，租用重庆市铜梁区少云镇高碑村9组、10组、11组的土地，种植百合、砂仁等农作物。2015年5月后，因其他股东退股，B公司实际由柏某兵负责经营和管理。被告人柏某兵在未经许可的情况下，擅自在租用的土地上修建停车场、摄影大棚、休闲木屋、竹制长廊、仿长城建筑等建、构筑物，改变土地用途。经鉴定，柏某兵未经批准占用基本农田 19.625 亩、一般耕地 1.195 亩，破坏程度为重度破坏。2017 年 11 月 6 日，被告人柏某兵主动到铜梁区公安局自首，并如实供述了 B 公司非法占用农用地的违法犯罪事实。公诉机关认为，被告单位 B 公司及被告人柏某兵的行为构成非法占用农用地罪，柏某兵具有自首情节，建议对其判处有期徒刑二年至二年六个月，适用缓刑，并处罚金。

2. 被告单位、被告人辩称

被告单位、被告人柏某兵对指控事实、罪名及量刑建议无异议且签字具结。

（三）事实和证据

经重庆市渝北区人民法院公开审理查明：2014 年 10 月，被告人柏某兵与他人共同出资，成立 B 公司。该公司成立之初，租用重庆市铜梁区少云镇高碑村 9 组、10 组、11 组的土地，种植百合、砂仁等农作物。2015 年 5 月后，因其他股东退股，B 公司实际由柏某兵负责经营和管理。被告人柏某兵在未经许可的情况下，擅自在租用的土地上修建停车场、摄影大棚、休闲木屋、竹制长廊、仿长城建筑等建、构筑物，改变土地用途。经鉴定，柏某兵未经批准占用基本农田 19.625 亩、一般耕地 1.195 亩，破坏程度为重度破坏。

2017 年 11 月 6 日，被告人柏某兵主动到铜梁区公安局自首，并如实供述了 B 公司非法占用农用地的违法犯罪事实。

另查明，因本案，B 公司于 2017 年 3 月 16 日，被重庆市铜梁区国土资源和房屋管理局作出行政处罚：1. 限当事人拆除在非法占用的土地上新建的建筑物 5766.53 平方米房屋和 10408.31 平方米构筑物和其他设施；2. 责令当事人退还铜梁区少云镇高碑村 9 组、10 组、11 组集体土地 14380.74 平方米，恢复原种植条件；3. 对当事人非法占用土地 14380.74 平方米处 30 元/平方米罚款，共计人民币 431422.2 元。

2017 年 11 月 15 日，重庆市铜梁区人民政府向重庆市人民政府作出《关于调整铜梁区及 28 个镇（街道）土地利用总体规划（2006 年－2020 年）的请示》，报请审批土地规划调整方案。2017 年 12 月 6 日，重庆市人民政府向铜梁区人民政府作出渝府地〔2017〕1940 号《关于调整铜梁区及 28 个镇（街道）土地利用总体规划（2006－2020 年）的批复》，批复载明：原则同意调整后的你区及 28 个镇（街道）土地利用总体规划（2006－2020 年）。2019 年 2 月 13 日，重庆市铜梁区国土资源和房屋管理局作出《关于少云镇高碑村 9、10、11 组区域土地规划调整情况的说明》，载明：2017 年 12 月 6 日，经重庆市人民政府渝府地〔2017〕1940 号文件批准，同意将 B 公司非法占用的铜梁区少云镇高碑村 9 组、10 组、11 组（图示红线区域）范围内的土地原属基本农田地类全部调整成农村居民点用地地类。并附了土地规划调整前和调整后的图纸。

案发后，B 公司已对修建的摄影大棚和位于高碑村 9 组的停车场进行了复耕。

上述事实有下列证据证实：

1. 受案登记表、立案决定书；2. 到案经过；3. 人口信息登记表；4. 工商注册信息、营业执照；5. 行政处罚决定书；6. 关于B公司用地情况的说明；7. 关于调整铜梁区及28个镇（街道）土地利用总体规划（2006－2020年）的请示、重庆市人民政府关于调整铜梁区及28个镇（街道）土地利用总体规划（2006－2020年）的批复；8. 关于B公司违法占地整改情况的说明；9. 关于少云镇高碑村9组、10组、11组区域土地规划调整情况的说明及整改前后的图例；10. 现场勘测笔录；11. 司法鉴定意见书；12. 现场照片及视频资料；13. 证人何某利、柏某、王某丰、李某、陈某、张某、吕某荣、彭某恩、刘某烈、武某全的证言；14. 被告人柏某兵的供述和辩解。

（四）判案理由

重庆市渝北区人民法院经审理认为：被告单位B公司违反土地管理法规，非法占用基本农田及一般耕地共计20.82亩，改变被占用土地用途，数量较大，造成耕地大量毁坏，其行为构成非法占用农用地罪。被告人柏某兵负责经营和管理公司，应当作为单位直接负责的主管人员承担非法占用农用地罪的刑事责任。鉴于柏某兵主动到案，如实供述犯罪事实，具有自首情节，公司对部分土地进行了修复，且所占土地现已调整规划，故对被告单位B公司予以从轻处罚，对被告人柏某兵从轻处罚并适用缓刑。

（五）定案结论

重庆市渝北区人民法院依照《中华人民共和国刑法》第三百四十二条、第三百四十六条、第三十一条、第六十七条第一款、第七十二条、第七十三条第二款、第七十三条第三款、第五十二条、第五十三条，《最高人民法院关于审理破坏土地资源刑事案件具体应用法律若干问题的解释》第三条之规定，作出如下判决：

一、被告单位B公司犯非法占用农用地罪，判处罚金200000元；

二、被告人柏某兵犯非法占用农用地罪，判处有期徒刑二年，缓刑三年，并处罚金50000元。

（六）解说

本案系民营企业经政府招商引资开发乡村旅游过程中非法占用农用地案件，企业投资较大。近年来，有不少企业或个人经政府招商引资开发经济项目，当地群众支持，但由于对所使用土地的性质认识不清，导致非法占用农用地违法犯罪行为时有发生。该类案件往往涉及企业重大发展和地方重大经济利益，涉及当地群众切身利益（租金和人工工资等），若未经妥善审理，恐引发群体性纠纷，构成社会不稳定因素。本案中，被告单位B公司及被告人柏某兵擅自改变基本农田及一般耕地用途，造成耕地大量破坏，其行为构成非法占用农用地罪，依法应当给予严厉打击。但从维护社会稳定和保护民营企业经济发展的角度出发，综合考虑被占用的土地现已从基本农田全部调整成了农村居民点用地，危害后果相对较轻等因素，判处被告单位B公司罚金，被告人柏某兵缓刑并处罚金，实现了法律效果与社会效果的统一。

编写人：重庆市渝北区人民法院 赵文芬 马菲菲 曾浩

8

重庆C商贸有限公司等污染环境案

（已履行生态环境损害赔偿协议对量刑的影响分析）

（一）首部

1. 裁判文书字号

一审判决书：重庆市渝北区人民法院（2018）渝0112刑初957号刑事判决书

二审裁定书：重庆市第一中级人民法院（2019）渝01刑终78号刑事裁定书

2. 案由：污染环境罪。

3. 诉讼双方

公诉机关：重庆市渝北区人民检察院。

被告单位：重庆C商贸有限公司。

法定代表人：王某龙。

诉讼代表人：张某。

被告单位：重庆D金属制品有限公司。

法定代表人：于某江。

诉讼代表人：于某江。

被告单位：重庆市E金属制品有限公司。

法定代表人：李某全。

诉讼代表人：李某兵。

被告单位：重庆标准件工业有限责任公司F金属材料改制分公司。

负责人：周某凡。

诉讼代表人：吴某。

辩护人：鲁某、幸某，重庆某律师事务所律师。

被告人：张某兵。

辩护人：袁某，重庆某律师事务所律师。

被告人：晏某。

辩护人：李某维，重庆某律师事务所律师。

被告人：王某龙。

辩护人：孔某，四川某律师事务所律师。

被告人：王某。

辩护人：尹某栋，四川某律师事务所律师。

被告人：周某焱。

被告人：李某全。

被告人：宗某。

4. 审级：二审。

5. 审判机关和审判组织

一审法院：重庆市渝北区人民法院。

合议庭组成人员：审判长，赵文芬；审判员，陈果；人民陪审员，范娅。

二审法院：重庆市第一中级人民法院。

合议庭组成人员：审判长，张力；审判员，李立新、吴长渝。

6. 审结时间

一审审结时间：2018 年 11 月 23 日。

二审审结时间：2019 年 2 月 27 日。

（二）一审诉辩主张

1. 公诉机关指控称

被告单位重庆 D 金属制品有限公司（以下简称 D 公司）主要经营范围是特殊钢铸锻、加工、销售钢丝、钢绞线等。被告人王某为 D 公司供应生产所需的盐酸，2018 年 1 月 8 日，D 公司常务副总经理暨被告人周某焱在明知王某无危险废物经营许可证的情况下，以 500 元/吨的价格安排王某处理 D 公司产生的废酸。被告人王某在明知被告人张某兵、晏某无危险废物经营许可证的情况下，以 1000 元的价格指使二人前往 D 公司装运废酸。当日 16 时许，被告人张某兵、晏某来到 D 公司将 17.12 吨废酸运走，但王某并未按照承诺告知张某兵和晏某如何处置废酸。在被告人张某兵多次催促王某将罐车中的废酸清空的情况下，王某默许被告人张某兵和晏某自行处理罐车所装的废酸。当日 20 时许，被告人晏某和张某兵驾驶渝 AH5 ×××罐车来到重庆市长寿区化南二路并将车上从 D 公司装运的废酸倾倒至此处的一雨水井内。

被告单位重庆市 E 金属制品有限公司（以下简称 E 公司）主要经营范围是加工、销售金属制品。2018 年 1 月 9 日，E 公司的法定代表人暨被告人李某全在明知王某龙无危险废物经营许可证的情况下，以 6000 元每车的价格将该公司产生的 12.07 吨废酸及生产废水交由王某龙处理。被告人王某龙在明知被告人张某兵及晏某无危险废物经营许可证的情况下，以 2700 元每车的价格安排张某兵及晏某前往 E 公司承运上述废酸和生产废水并自行处理。当日 22 时许，被告人张某兵、晏某二人驾驶渝 AH5×××罐车来到重庆市长寿区化南二路，将从 E 公司装运出的废酸及生产废水倾倒至此处一雨水井内。

被告单位重庆标准件工业有限责任公司 F 金属材料改制分公司（以下简称 F 公司）经营范围包括金属材料改制、汽车零部件的制造等。被告单位重庆 C 商贸有限公司（以下简称 C 公司）为 F 公司提供生产所需的盐酸。2017 年 8 月 8 日，F 公司的员工暨被告人宗某在明知 C 公司无危险废物经营许可证的情况下，请示该公司总经理周某凡（另案处理）后，与 C 公司签订废酸处理协议，约定将废酸交由 C 公司处理，F 公司以 950 元/吨的价格向 C 公司支付费用。2018 年 1 月 8 日，被告人宗某联系 C 公司的负责人暨被告人王某龙来处理 F 公司的 20.85 吨废酸。2018 年 1 月 10 日，被告人王某龙以 200 元/吨的价格安排被告人张某兵及晏某驾驶渝 AH5×××罐车前往 F 公司装运废酸并自行处理。2018 年 1 月 11 日 5 时许，被告人张某兵、晏某二人驾车将从 F 公司装运出的废酸倾倒至重庆市长寿区化南二路一雨水井内。

2018 年 1 月 9 日，沙溪河附近居民发现河水变色，遂报案。相关部门介入后对该水域进行了应急处置。

2018 年 1 月 17 日，经电话通知后，被告人张某兵、晏某主动到案，并如实供述自己的犯罪事实。同年 1 月 18 日，经电话通知后，被告人王某、王某龙主动到案，王某龙到案后如实供述自己的犯罪事实。同年 4 月 3 日、4 日，经电话通知后，被告人周某淼、李某全、宗某主动投案，并如实供述自己的犯罪事实。经认定，被告人张某兵、晏某利用罐车先后将从 D 公司、E 公司、F 公司装运的倾倒在重庆市长寿区化南二路雨水井内的废酸液属于《国家危险废物名录》的“使用酸进行清洗产生的废酸液”，属 HW34 类危险废物。案发后，D 公司已支付污染处置费用共计人民币 200495 元。经鉴定，本事件造成的环境污染损害直接经济损失为人民币 247286.3 元。公诉机关认为，被告单位 C 公司及被告人张某兵、晏某、王某龙、王某非法倾倒危险废物，严重污染环境；被告单位 D 公司、E 公司、F 公司及被告人周某淼、李某全、宗某明知他人无危险废物经营许可证，仍将危险废物交由他人处置，严重污染环境，四被告单位及七名被告人的行为均已触犯《中华人民共和国刑法》第三百三十八条之规定，应当以污染环境罪追究其刑事责任。被告人张某兵、晏某、王某龙、王某、周某淼、宗某、李某全犯罪后自首，具有《中华人民共和国刑法》第六十七条第一款规定的量刑情节。被告人王某龙、周某焱、李某全系单位犯罪中直接负责的主管人员，被告人宗某系单位犯罪中的其他责任人员，具有《中华人民共和国刑法》第三十一条规定的量刑情节。根据《中华人民共和国刑事诉讼法》第一百七十二条之规定，提请本院依法判处。

2. 被告单位、被告人辩称

被告单位 C 公司对指控的事实和罪名均无异议。

被告单位 D 公司对指控的事实和罪名均无异议。

被告单位 E 公司对指控的事实和罪名均无异议。

被告单位 F 公司对指控的事实和罪名均无异议。其辩护人的辩护意见是：1. F 公司没有直接倾倒废酸的故意，主观恶性不大；2. F 公司与其他两家公司及时采取措施防止污染扩大，积极修复生态环境，已经缴纳了行政处罚的罚款，应抵扣罚金。综上，建议对 F 公司从轻处罚。

被告人张某兵对指控的罪名无异议。但辩解三次倾倒废酸并不是张某兵、晏某自行处理的，而均是在王某、王某龙指使下倾倒的，所谈的价钱也均是运输费，不是废酸处理费。其辩护人的辩护意见是：1. 废酸系王某、王某龙所有，张某兵和晏某没有处置权，不应认定张某兵自行处理废酸；2. 张某兵和晏某地位、作用相对较小，应认定为从犯；3. 张某兵系初犯，平时表现良好，具有自首情节；4. 污染物已得到清理，没有对环境造成较大影响；5. 其妻子生病，孩子系未成年人，家庭经济困难。综上，建议对张某兵适用缓刑。

被告人晏某对指控的事实和罪名均无异议。其辩护人的辩护意见是：1. 晏某是受他人安排押运并倾倒废酸，赚取的只是运输费，而不是获取非法处置污染物的收益，起次要或者辅助作用，应认定为从犯；2. 晏某系初犯、偶犯，具有自首情节，真心悔罪。综上，建议对其从轻处罚。

被告人王某龙对指控的事实和罪名均无异议。其辩护人的辩护意见是：1. 王某龙系初犯、偶犯，具有自首情节；2. 两次倾倒废酸均是因染厂不收废酸才作出，对张某兵处理废酸并不知情；3. 污染物处理及时，没有造成严重污染环境的后果；4. 本案不宜区分主犯、从犯。综上，建议对王某龙从轻处罚并适用缓刑。

被告人王某对指控的事实和罪名均无异议。其辩护人的辩护意见是：1. 王某系初犯、偶犯，认罪悔罪；2. 本案污染已消除；3. 本案不宜区分主犯、从犯。综上，建议对王某从轻处罚并适用缓刑。

被告人周某焱对指控的事实和罪名均无异议。

被告人李某全对指控的事实和罪名均无异议。

被告人宗某对指控的事实和罪名均无异议。

（三）一审事实和证据

经重庆市渝北区人民法院公开审理查明：被告人王某、王某龙系兄弟关系，王某龙系C公司的法定代表人，主要从事盐酸业务，均未办理危险废物经营许可证。被告人张某兵、晏某共同购买了渝AH5×××罐车，渝AH5×××罐车取得了危险货物道路运输证，张某兵、晏某分别系该罐车的驾驶员和押运员，其部分运输业务由王某、王某龙与张某兵联系后开展。案发前，王某、王某龙从D公司、E公司、F公司收集的废酸均由王某与重庆某印染公司联系，并交由该公司综合利用。2018年1月8日至1月11日，在王某、王某龙的安排下，张某兵、晏某将从D公司、E公司、F公司装运的三车废酸及生产废水直接倾倒在重庆市长寿区化南二路一个雨水井内。具体事实如下：

（1）被告单位D公司主要经营范围是特殊钢铸锻、加工、销售钢丝、钢绞线等。被告人王某为D公司供应生产所需的盐酸，2018年1月8日，D公司常务副总经理暨被告人周某焱在明知王某无危险废物经营许可证的情况下，将该公司产生的17.12吨废酸以500元/吨的价格交由王某处理。随后，被告人王某在明知重庆君织都印染有限公司因故不收废酸的情况下，以1000元的价格安排张某兵、晏某前往D公司装运废酸。当晚，为寻找倾倒废酸地点，被告人王某与张某兵、晏某一起开车踩点，并最终确定将废酸倾倒至重庆市长寿区化南二路的一个雨水井内。当日20时许，被告人张某兵、晏某驾驶装有D公司废酸的渝AH5×××罐车来到重庆市长寿区化南二路，并将车上的废酸倾倒至此处的一个雨水井内。

（2）被告单位E公司主要经营范围是加工、销售金属制品。2018年1月9日，E公司的法定代表人暨被告人李某全在明知王某龙无危险废物经营许可证的情况下，以每车6000元的价格将该公司产生的12.07吨废酸及生产废水交由王某龙处理。被告人王某龙在明知重庆君织都印染有限公司不收废酸的情况下，以每车2700元的价格安排张某兵、晏某前往E公司装运上述废酸和生产废水并倾倒。当日22时许，被告人张某兵、晏某驾驶装有E公司的废酸及生产废水的渝AH5×××罐车来到重庆市长寿区化南二路，并将车上的废酸及生产废水倾倒至此处的一个雨水井内。

（3）被告单位F公司（2017年10月20日由重庆标准件工业有限责任公司与重庆F金属材料改制有限公司吸收合并而成立）经营范围包括金属材料改制、汽车零部件的制造等。被告单位C公司为F公司提供生产所需的盐酸。2017年8月8日，F公司员工暨被告人宗某在明知C公司无危险废物经营许可证的情况下，请示该公司负责人周某凡后，与C公司签订废酸处理协议，约定将该公司产生的废酸交由C公司处理，并以950元/吨的价格向C公司支付费用。F公司成立后，该公司与C公司的废酸处理事宜仍按前述废酸处理协议进行。2018年1月8日，被告人宗某联系C公司的法定代表人暨被告人王某龙来处理F公司产生的

20.85吨废酸。2018年1月10日，被告人王某龙在明知重庆某印染公司不收废酸的情况下，以200元/吨的价格安排被告人张某兵、晏某前往F公司装运废酸并倾倒。2018年1月11日5时许，被告人张某兵、晏某驾驶装有F公司废酸的渝AH5×××罐车，来到重庆市长寿区化南二路，并将车上的废酸及生产废水倾倒至此处一个雨水井内。

2018年1月9日，沙溪河附近居民发现河水变色，并伴有刺鼻气味，遂报案。

经认定，D公司、E公司、F公司因生产产生的并被倾倒在重庆市长寿经开区化南二路雨水井内的废酸液，均属于《国家危险废物名录》规定的“使用酸进行清洗产生的废酸液”，属HW34类危险废物。

2018年1月10日11时40分许，重庆市长寿区生态环境监测站对化南二路跌水井、跌水井上游无名小溪、跌水井下游无名小溪进行了应急监测，结果显示化南二路跌水井外排的污水对无名小溪造成了一定污染，但未对沙溪河下游水质造成大的影响，更未对长江造成影响。随后，长寿区环保局委托重庆天志环保有限公司于1月10日18时至1月13日17时在污染流域开展污染处置工作，处置过程产生费用合计200495元。同年1月15日，经长寿区生态环境监测站监测，化南二路跌水井下游无名小溪及沙溪河水质均已达标，污水造成的污染基本消除。案发后，D公司、E公司、F公司共同支付污染处置费用200495元。

2018年1月17日，被告人张某兵、晏某经电话通知到案；同年1月18日，被告人王某、王某龙经电话通知到案；同年4月3日，被告人周某淼经电话通知到案；同年4月4日，被告人李某全、宗某经电话通知到案。被告人张某兵、晏某、周某淼、李某全、宗某到案后均如实供述了犯罪事实，被告人王某龙、王某到案后均如实供述了主要犯罪事实。

因本案，D公司于2018年5月16日被重庆市长寿区环境行政执法支队罚款150000元；E公司于2018年3月14日被重庆市九龙坡区环境行政执法支队罚款100000元；F公司于2018年3月19日被重庆市江津区环境行政执法支队罚款200000元。现三公司已缴纳了全部罚款。

另查明，案发后，被告人晏某让其家属主动购买价值3000元的树木100余株，栽种在晏家街道沙溪河边，现已存活70%。针对本案造成的生态环境损害，重庆市生态环境局经重庆市人民政府指定与被告单位D公司、E公司、F公司开展生态损害赔偿磋商，并于2018年11月9日签订《生态环境损害赔偿协议》《生态环境损害赔偿补充协议》，主要约定：本案生态环境损害赔偿总金额为991095元（其中前期应急清除污染费200495元、生态环境修复费750600元、鉴定评估费40000元），前期应急清除污染费已支付，本案实际应支付生态环境损害赔偿金额为790600元，由被告单位晏城公司、E公司、F公司按照倾倒废酸重量笔录进行分摊，被告单位晏城公司、E公司、F公司分别承担270500元、190650元、329450元。现被告单位晏城公司、E公司、F公司已足额支付生态环境损害赔偿金。

上述事实有下列证据证实：

1. 受案登记表、立案决定书；

2. 常住人口信息表；

3. 到案经过；

4. 扣押清单、扣押笔录；

5. 宴家经开区鑫川地磅称重单；

6. 计量单；

7. 盐酸购销合同；

8. 废酸处理协议；

9. 汽车挂靠合同；

10. 机动车行驶证、道路运输证；

11. 离婚协议书；

12. 营业执照、工商登记信息；

13. 工作证明；

14. 高速公路通行记录；

15. 车辆GPS定位数据信息图；

16. 出车记录单；

17. 《重庆市长寿区环境保护局关于张某兵和晏某2人倾倒废酸属性的认定意见》；

18. 《重庆市长寿区环境保护局关于重庆E金属制品有限公司废酸属性的认定意见》；

19. 《重庆市长寿区环境保护局关于重庆F金属材料改制有限公司废酸属性的认定意见》；

20. 辨认笔录及照片；

21. 辨认现场笔录及照片；

22. 现场勘验笔录；

23. 《关于2018年1月沙溪河流域应急情况报告》《1月10－14日参与环境应急耗费物资、人工费用表》《2018年1月沙溪河流域应急处置作业人员（机具）出勤统计表》；

24. 重庆增值税专用发票、中国建设银行客户专用回单；

25. 沙溪村环境应急监测快报；

26. 重庆市长寿区环境保护局移送涉嫌环境犯罪案件审批表、现场检查笔录、调查询问笔录、责令改正违法行为决定书；

27. 行政处罚决定书及缴纳行政处罚罚款的凭证；

28. 证人于某江、周某凡、潘某荣、张某思、彭某文、张某武、贺某金、杨某菊、周某丽、李某、王某维、聂某清、张某芬、王某顺、张某的证言；

29. 被告人张某兵、晏某、王某、王某龙、周某焱、李某全、宗某的供述和辩解。

同时，被告单位D公司举示了下列证据：

1. 兴业银行汇入回单；

2. “1. 10”长寿区晏家沙溪河水体污染应急处置相关费用支付协议；

3. 生态环境损害赔偿协议、生态环境损害赔偿补充协议、非税收入一般缴款书。

被告单位E公司举示了下列证据：

1. D公司出具的收据；

2. 生态环境损害赔偿协议、生态环境损害赔偿补充协议、非税收入一般缴款书。

被告单位F公司举示了下列证据：

1. 增值税发票、收款说明、工商银行回单；

2. 生态环境损害赔偿协议、生态环境损害赔偿补充协议、非税收入一般缴款书。

晏某的辩护人举示了下列证据：

长寿区晏家街道十字村村委会出具的证明、植树照片、购树发票。

（四）一审判案理由

重庆市渝北区人民法院经审理认为：被告单位C公司及被告人张某兵、晏某、王某龙、王某违反国家规定，通过暗管倾倒危险废物，严重污染环境；被告单位D公司、E公司、F公司及被告人周某焱、李某全、宗某明知他人无危险废物经营许可证，仍将危险废物交由他人处置，严重污染环境，应以共同犯罪论处。四被告单位及七名被告人的行为均构成污染环境罪，依法应予以刑法处罚。

关于本案三次倾倒废酸是否系张某兵、晏某自行处理的问题。经查，王某与王某龙系亲兄弟，所有废酸业务由王某、王某龙联系，处置费也由他们收取和支配，张某兵、晏某作为为其运输废酸的驾驶员和押运员，所获取的费用只有王某、王某龙的一小部分。案发前张某兵、晏某均在王某、王某龙的安排下将废酸运送到重庆君织都印染有限公司综合利用，案发时王某、王某龙也明知重庆君织都印染有限公司不收废酸，为此，王某还亲自踩点寻找废酸倾倒地点。本院认为，王某、王某龙明知重庆君织都印染有限公司不收废酸，也明知张某兵、晏某无危险废物经营许可证，而放任他们处理，必然会导致污染环境的严重后果。作为驾驶员和押运员的张某兵、晏某若未经其授意擅自将废酸直接倾倒，显然不符合逻辑和经验规则，且相关证据相互印证，形成锁链，能够证明被告人王某、王某龙指使张某兵、晏某将废酸进行倾倒的事实。故王某龙的辩护人提出对张某兵处理废酸并不知情的辩护意见不能成立，本院不予采纳。对被告人张某兵及其辩护人提出不是张某兵、晏某自行处理废酸的辩护意见，本院予以采纳。本案中，王某对第一次倾倒废酸产生的法律后果应负全部责任；王某龙对第二次倾倒废酸产生的法律后果应负全部责任；对第三次倾倒废酸产生的法律后果，C公司应承担全部责任，而王某龙作为C公司的直接主管人员，应承担相应的刑事责任。

关于本案是否划分主犯、从犯的问题。本院认为，王某、王某龙虽为废酸的收集者、安排者和处置者，但张某兵、晏某在本案中积极参与寻找作案地点，并具体实施犯罪行为，正是他们的共同行为，才导致犯罪结果的发生。被告人王某和王某龙在与张某兵、晏某共同犯罪中的地位、作用无明显区别，不宜划分主犯、从犯。对张某兵、晏某的辩护人提出的应认定其为从犯的辩护意见不予采纳，王某龙的辩护人提出不宜划分主犯、从犯的意见成立，予以采纳。但综观全案，张某兵、晏某的作用较王某、王某龙稍小，在量刑时予以酌情考虑。

被告人张某兵、晏某、王某龙、王某、周某焱、李某全、宗某经电话通知到案，并如实供述了主要犯罪事实，具有自首情节，依法予以从轻处罚。被告人晏某自愿栽种树木修复被破坏的生态，可以酌情从轻处罚。对本案被告人及其辩护人提出的系初犯，具有自首情节，污染已得到及时处理，被告单位所缴纳罚款应折抵罚金，建议从轻处罚的意见予以采纳。

被告单位D公司、E公司、F公司及被告人周某焱、李某全、宗某虽将废酸交与没有危险废物经营许可证的王某、王某龙及C公司处理，但并无将废酸直接倾倒的主观故意，且在案发后，D公司、E公司、F公司及被告人周某焱、李某全、宗某积极配合污染处置，及时消除污染，未对长江造成影响，所产生的处置费三公司也全部承担，行政处罚的罚款也全部缴纳，依法予以酌情从轻处罚。被告单位D公司、E公司、F公司积极承担生态环境损害赔偿责任，依法予以酌情从轻处罚。

被告人王某龙、周某焱、李某全应当作为单位的直接负责的主管人员承担污染环境罪的刑事责任，被告人宗某应当作为单位的直接责任人员承担污染环境罪的刑事责任。被告人周某焱、李某全、宗某所在单位积极承担生态环境损害赔偿责任，在量刑时对周某焱、李某全、宗某均予以酌情考虑。综上，根据本案的犯罪性质、犯罪情节、地位作用和悔罪表现等，对被告单位D公司、E公司、F公司予以从轻处罚，对被告人张某兵、晏某、王某龙、王某、周某焱、李某全、宗某均予以从轻处罚，但不宜适用缓刑。

（五）一审定案结论

重庆市渝北区人民法院依照《中华人民共和国刑法》第三百三十八条、第三百四十六条、第三十一条、第二十五条第一款、第六十七条第一款、第五十二条、第五十三条，《最高人民法院、最高人民检察院关于办理环境污染刑事案件适用法律若干问题的解释》第一条第（二）项、第一条第（五）项、第七条，《最高人民法院关于适用〈中华人民共和国刑事诉讼法〉的解释》第四百三十九条第二款之规定，判决如下：

一、被告单位C公司犯污染环境罪，判处罚金250000元（罚金限判决生效后10日内缴纳）；

二、被告单位D公司犯污染环境罪，判处罚金150000元（罚款150000元已折抵罚金）；

三、被告单位E公司犯污染环境罪，判处罚金100000元（罚款100000元已折抵罚金）；

四、被告单位F公司犯污染环境罪，判处罚金200000元（罚款200000元已折抵罚金）；

五、被告人张某兵犯污染环境罪，判处有期徒刑一年三个月，并处罚金15000元；

六、被告人晏某犯污染环境罪，判处有期徒刑一年一个月，并处罚金15000元；

七、被告人王某龙犯污染环境罪，判处有期徒刑一年一个月，并处罚金20000元；

八、被告人王某犯污染环境罪，判处有期徒刑十一个月，并处罚金15000元；

九、被告人周某焱犯污染环境罪，判处有期徒刑六个月，并处罚金11000元；

十、被告人李某全犯污染环境罪，判处拘役五个月，并处罚金10000元；

十一、被告人宗某犯污染环境罪，判处有期徒刑七个月，并处罚金12000元。

（六）二审情况

1. 二审诉辩主张

被告人张某兵不服该判决，提出如下上诉理由：一审判决量刑不均、对其量刑过重。

原审被告单位C公司、D公司、E公司、F公司，原审被告人晏某、王某龙、王某、周某焱、李某全、宗某均对一审判决认定的事实，适用法律无异议。

重庆市第一中级人民法院依法组成合议庭，经过阅卷，讯问了上诉人，认为本案事实清楚，决定不开庭审理。

2. 二审事实和证据

重庆市第一中级人民法院对一审判决书认定的事实及所列证据予以确认。

3. 二审判案理由

重庆市第一中级人民法院认为原审被告单位C公司、上诉人张某兵、原审被告人晏某、王某龙、王某违反国家规定，非法倾倒危险废物，严重污染环境，以及原审被告单位D公司、E公司、F公司及分别作为上列原审被告单位的直接负责的主管人员和其他直接责任人员的原审被告人周某焱、李某全、宗某，明知他人无危险废物经营许可证，仍委托其处置危险废物，严重污染环境等行为均已构成污染环境罪，均应依法惩处。

在共同犯罪中，原审被告人王某龙、王某与上诉人张某兵及原审被告人晏某为处置涉案危险废物以牟取非法利益，分工协作，实施犯罪的过程中均行为积极、主动，故不宜区分主犯、从犯；原审被告单位D公司、E公司、F公司以及分别作为原审被告单位的直接负责的主管人员和其他直接责任人员的原审被告人周某焱、李某全、宗某明知他人无危险废物经营许可证，委托其处置危险废物，严重污染环境，以共同犯罪论处。

上诉人张某兵及原审被告人晏某、王某龙、王某、周某焱、李某全、宗某经电话通知到案，并如实供述了主要犯罪事实，系自首，依法可从轻处罚；原审被告人晏某在案发后委托其亲属栽种树木修复被破坏的生态，有一定的悔罪表现，可酌情从轻处罚；原审被告单位D公司、E公司、F公司以及分别作为直接负责的主管人员和其他直接责任人员的原审被告人周某焱、李某全、宗某，在案发后积极配合行政主管部门进行污染治理并承担相应费用，也积极承担生态环境损害赔偿责任，可酌情从轻处罚。

关于上诉人张某兵提出一审判决量刑不均、对其量刑过重的上诉理由。经查，本案有以下重要的量刑情节：上诉人张某兵分别与原审被告人王某龙、王某共谋非法处置危险废物以牟取非法利益，在实施犯罪中其行为积极、主动；在本案涉及的三次非法处置危险废物的具体犯罪中，张某兵均参与并负责选择具体的倾倒地点，在本案中王某参与具体犯罪行为一次、王某龙参与两次，晏某作为跟车人员参与三次但其地位、作用相对低于张某兵。因此，上诉人张某兵在共同犯罪中的罪行相对大于其他同案人，一审判决的量刑在法定幅度内并且符合罪刑相适应的刑罚原则，量刑适当，上诉人张某兵的上诉意见不能成立，故不予采纳。

4. 二审定案结论

重庆市第一中级人民法院依照《中华人民共和国刑事诉讼法》第二百三十六条第（一）项之规定，裁定如下：

驳回上诉，维持原判。

（七）解说

本案涉及经生态损害赔偿磋商程序后，被告单位已履行生态环境损害赔偿协议的情节对量刑的影响问题。本案中，对积极履行生态环境损害赔偿责任的被告人与被告单位酌情从轻处罚，有利于全面贯彻宽严相济刑事政策，充分发挥环境资源刑事审判的惩治与教育作用，督促被告人履行修复环境义务，减少环境次生损害。本案被告人虽然有一定认罪悔罪表现，但鉴于本案非法倾倒废酸废水经群众举报才被发现，因公众积极参与环保治理才避免了损失的扩大，故对被告人没有适用缓刑，本处理结果表明了法院对污染环境犯罪零容忍的态度。本案判决对于非法经营与非法倾倒危险废物的从业者具有震慑作用，对潜在的污染者具有警示作用，对保护长江生态环境具有积极的示范作用。

编写人：重庆市渝北区人民法院　赵文芬　马菲菲　曾浩

9

喻某勇等人盗窃、污染环境刑事附带民事公益诉讼案

（污染环境既要承担刑事责任，也要承担民事责任）

（一）首部

1. 裁判文书字号

一审判决书：贵州省清镇市人民法院（2018）黔0181刑初505号刑事附带民事判决书

二审裁定书：贵州省贵阳市中级人民法院（2019）黔01刑终481号刑事附带民事裁定书

2. 案由：盗窃罪，污染环境罪，掩饰、隐瞒犯罪所得罪。

3. 诉讼双方

公诉机关（附带民事公益诉讼起诉人）：贵州省清镇市人民检察院。

被告人（附带民事公益诉讼被告）（上诉人）：喻某勇。

辩护人：万某某，贵州某律师事务所律师。

被告人（附带民事公益诉讼被告）（上诉人）：王某。

指定辩护人：罗某某、邹某某（实习），贵州某律师事务所律师。

被告人（附带民事公益诉讼被告）（上诉人）：饶某泽。

辩护人：袁某某，贵州某律师事务所律师。

辩护人：杨某，贵州某律师事务所律师。

被告人：李某兰。

辩护人：宋某某，贵州某律师事务所律师。

附带民事公益诉讼被告：李某平，男，汉族，住贵州省大方县某村。

法定代理人：李某忠，被告李某平之父。

附带民事公益诉讼被告：李某忠，男，汉族，住贵州省大方县某村。

委托诉讼代理人：蒋某某，贵州某律师事务所律师。

4. 审级：二审。

5. 审判机关和审判组织

一审审判机关：贵州省清镇市人民法院。

合议庭组成人员：审判长，舒子贵；审判员，刘海英、杨胜权；人民陪审员，胡文、季林、汪海杰、谢璟芸。

二审审判机关：贵州省贵阳市中级人民法院。

合议庭组成人员：审判长，曾桢；审判员，唐玉平、刘华。

6. 审结时间

一审审结时间：2019 年 5 月 8 日。

二审审结时间：2019 年 8 月 19 日。

（二）一审诉辩主张

1. 公诉机关指控称

（1）2018 年 3 月某日凌晨，被告人喻某勇、饶某泽伙同李某平（不满 16 周岁，已送贵阳市未成年人法制学校）驾车行至贵州省大方县六龙镇顺河村海风口临时砂石场内，盗窃湖南惠联路桥公司大方县脱贫区五标段水泥路工程项目部安装的电缆线 39 米，经清镇市价格认证中心鉴定，价值人民币 17550 元。被告人喻某勇等人将电缆线运至贵阳市白云区，以低价变卖给被告人李某兰，得款三人均分。

（2）2018 年 4 月下旬，被告人喻某勇、王某、饶某泽伙同李某平分四次驾车于凌晨行至贵州省大方县杜鹃大道兄弟停车场，盗窃天津东方奥特建设集团有限公司大方一标段电网改造项目部存放在该停车场内准备用于大方县贫困地区农网改造使用的全新双菱牌 ZRC－YJV22，$3\times300mm^2$电缆线共计 185 米，经清镇市价格认证中心鉴定，共计价值人民币 101750 元。被告人喻某勇等四人将电缆线运至贵阳市白云区，以低价变卖给被告人李某兰，得款四人均分。

（3）2018 年 4 月底至 5 月中旬，被告人喻某勇、王某、饶某泽伙同李某平分四次于凌晨驾车行至清镇市站街镇条子场村清镇鸿运铁合金厂外，爬围墙进入该厂三分厂盗窃 301 号炉及 301 号变压器。其中四人成功盗窃三次，共盗得电炉铜端头 40 块，变压器外连接的铜夹板 12 组，变压器铜补偿器 13 块，变压器内低压出线端 3 块，经清镇市价格认证中心鉴定，共计价值人民币 59148 元。被告人喻某勇等四人均将被盗铜板等运至贵阳市白云区，以低价变卖给被告人李某兰，得款四人均分。

（4）2018 年 5 月下旬，被告人喻某勇、王某、饶某泽伙同李某平分四次驾车于凌晨行至清镇市水晶集团厂内盗窃电缆。其中，盗窃 5 号车间管廊架上电缆两次共计 220 米，盗窃热电厂 4 号炉外电缆线 20 米后引发现场内工作人员前来检查，四人将剪断的电缆线丢弃后逃离，盗窃热电厂连接 5 号炉上电缆线 110 米，在返回途中被公安人员当场抓获。被盗电缆经清镇市价格认证中心鉴定，价值人民币 74720 元。两次以低价变卖给被告人李某兰，得款四人均分。

被告人喻某勇、王某、饶某泽伙同李某平进入清镇市鸿运铁合金厂盗窃变压器及电炉铜板时，为便于进入 301 号变压器内盗窃铜板，由喻某勇将变压器下部油阀打开，变压器油顺着排水沟流入清镇市红枫湖，导致红枫湖水域被污染 35 万平方米，贵阳市两湖一库管理局对被污染水域进行治理，共计花费人民币 476643 元。

附带民事公益诉讼起诉人清镇市人民检察院以被告喻某勇、王某、饶某泽、李某平为盗窃变压器内的铜板，放空变压器内机油并流入红枫湖，破坏红枫湖生态环境，损害社会公共利益，应当对相关部门对红枫湖油污的应急处置费用476643 元承担赔偿损失的民事责任，同时被告李某忠作为李某平的监护人，未尽到监护责任，亦应对李某平的侵权行为承担相应的赔偿责任。

2. 被告人辩称

被告人喻某勇对公诉机关指控其犯盗窃罪的事实和证据均不持异议，但辩解其没有盗窃变压器内的铜板、没有打开变压器油阀放油，对指控的污染环境罪不认可，其辩护人万某某以“（1）对指控的盗窃罪名无异议，但指控的盗窃金额不认可，被告人喻某勇等人多次供述中盗窃铁合金厂铜板的数量均不一致，认定盗窃大方县杜鹃大道兄弟停车场内电缆线数量仅有被盗单位的报案，证据不足；（2）对于污染环境罪的指控，由于三被告人翻供，原来在公安机关所作的供述不能作为证据，故指控的污染环境罪证据不足，罪名不能成立；（3）被告人喻某勇被抓获后，在长达约 12 个小时的时间内未被讯问，侦查人员有刑讯逼供嫌疑，程序违法；（4）被告人喻某勇对其他盗窃事实自愿认罪”为内容发表了辩护意见。

被告人王某对公诉机关指控其犯盗窃罪的事实和证据均不持异议，但辩解其没有看到喻某勇打开变压器油阀放油、没有进入变压器内拆铜板，对指控的污染环境罪不认可，其辩护人罗某某以“（1）对指控的盗窃罪名无异议；（2）盗窃与放油致红枫湖污染系想象竞合犯，不应实行数罪并罚，故指控的污染环境罪不能成立；（3）被告人王某坦白认罪，故请求对其从轻处罚”为内容发表了辩护意见。

被告人饶某泽在本院送达起诉书副本及庭前会议时对公诉机关指控其犯盗窃罪和污染环境罪的事实和证据均不持异议，在庭审中否认看见喻某勇打开变压器油阀放油，对指控的污染环境罪不认可，其辩护人袁某某以“（1）对指控的盗窃罪名无异议，但指控认定的盗窃金额仅有被盗单位的报案，证据不足；（2）指控的污染环境罪证据不足，不排除其他人盗窃铁合金厂时致红枫湖被污染的可能；（3）被告人饶某泽系初犯，被抓后主动交代在大方县的盗窃事实，应当从轻处罚”为内容发表了辩护意见。

被告人李某兰对公诉机关指控其犯掩饰、隐瞒犯罪所得收益罪的事实和证据均不持异议，但否认其收购了起诉书指控的喻某勇等人第4桩盗窃的部分赃物，其辩护人宋某某以“（1）对指控的掩饰、隐瞒犯罪所得罪不持异议，但认定的数额应当扣除被告人喻某勇等人在有机厂盗窃时未拿走和被抓获的两次盗窃物资数量；（2）其家属愿意对收赃金额予以退赔；（3）被告人李某兰系初犯，认罪态度好，有悔罪表现，请求对其从轻处罚，适用缓刑”为内容发表了辩护意见。

针对附带民事公益诉讼起诉人清镇市人民检察院提出的公益诉讼请求，被告喻某勇、王某、饶某泽均以未造成环境污染为由表示不应当承担民事赔偿责任，附带民事公益诉讼被告李某平、李某忠表示如果李某平应当对造成的环境污染承担民事赔偿责任，愿意承担1万元的赔偿费用。

（三）一审事实和证据

清镇市人民法院环境资源审判庭经公开开庭审理查明：

1. 被告人喻某勇、王某、饶某泽盗窃的犯罪事实

（1）2018年3月某日凌晨，被告人喻某勇、饶某泽伙同李某平（出生于2003年7月14日，未满16周岁）驾车行至贵州省大方县六龙镇顺河村海风口临时砂石场内，盗窃湖南惠联路桥公司大方县脱贫区五标段水泥路工程项目部安装的电缆线39米。经清镇市价格认证中心鉴定，价值人民币17550元。

（2）2018年4月，被告人喻某勇、王某、饶某泽伙同李某平分四次驾车于凌晨行至贵州省大方县杜鹃大道兄弟停车场，盗窃天津东方奥特建设集团有限公司大方一标段电网改造项目部存放在该停车场内准备用于大方县贫困地区农网改造项目使用的全新双菱牌ZRC-YJV22，$3\times300mm^2$电缆线共计185米。经清镇市价格认证中心鉴定，价值共计人民币101750元。

（3）2018年4月底至5月中旬，被告人喻某勇、王某、饶某泽伙同李某平分四次于凌晨驾车行至清镇市站街镇条子场村清镇鸿运铁合金厂外，三被告人及李某平携带砍刀、钢锯、扳手、美工刀、夹钳、绳子、钢钎等作案工具翻越围墙进入该厂三分厂，盗窃301号炉及301号变压器的夹板、端头、补偿器等铜块。其中，四人第二次进入清镇鸿运铁合金厂准备实施盗窃时被人发现而逃离现场，四人三次盗窃盗得电炉铜端头40块、变压器外连接的铜夹板12组、变压器铜补偿器13块、变压器内低压出线端3块。经清镇市价格认证中心鉴定，价值共计人民币59148元。

（4）2018年5月下旬，被告人喻某勇、王某、饶某泽伙同李某平携带砍刀、钢锯、扳

手、美工刀、夹钳、绳子、钢钎等作案工具分四次驾车于凌晨行至清镇市水晶集团厂内盗窃电缆。其中，两次盗窃5号车间管廊架上电缆共计220米；盗窃热电厂4号炉外电缆线20米后被人发现，四人将剪断的电缆线丢弃后逃离现场；2018年5月26日凌晨，四人携带砍刀、扳手、夹钳等作案工具盗窃热电厂连接5号炉上电缆线110米，在返回途中被公安人员当场抓获。水晶集团厂被盗的电缆线经清镇市价格认证中心鉴定，价值共计人民币74720元。

2. 被告人喻某勇、王某、饶某泽污染环境的犯罪事实

2018年5月，被告人喻某勇、王某、饶某泽伙同李某平驾车行至清镇市站街镇条子场村鸿运铁合金厂三分厂，在盗窃301号变压器及电炉铜块时，为进入301号变压器内盗窃铜板，被告人喻某勇将变压器下部油阀打开，任由变压器油流出，数日后，在发现301号变压器油被放完，被告人喻某勇、王某、饶某泽及李某平将变压器内铜补偿器及低压出线端盗走。其间，变压器油沿排水沟并经雨水冲刷流入邻近的红枫湖内，导致红枫湖水源准保护区水域被污染35万平方米。污染发生后，贵阳市两湖一库管理局对被污染水域进行处置，共计花费人民币476643元。

3. 被告人李某兰掩饰、隐瞒犯罪所得的犯罪事实

2018年3月至5月，被告人喻某勇经电话与被告人李某兰联系后，于清晨伙同饶某泽等人将上述盗窃所得的电缆线、铜板等运至贵阳市白云区李某兰经营的废品收购站，低价出售给被告人李某兰，李某兰转卖后从中获利。

上述事实有下列证据予以证明：被告人喻某勇、王某、饶某泽、李某兰的户籍证明、抓获经过、收据、发票、购车合同、刑事裁定书及释放证明书、前科查询记录、扣押决定书、扣押物品清单、扣押笔录、发还清单、移送清单及照片、报案材料、场地出租协议、送货单、监测报告、情况说明、案涉区域与饮用水源保护区关系的情况说明、示意图、取样情况说明、危险废物名录情况说明、天气证明、现场照片、危险废物处置清单、红枫湖油污应急处置费用明细、合作协议书、批示、督办通知、专报、情况说明、票据、公告、通话记录、证人杨某某等人的证词、被告人喻某勇等人的供述、清镇市价格认证中心出具的清价认涉字〔2018〕第376号、第393号、第411号、第420号、第425号、第426号涉案物品估价认定意见书、价格认证委托书、贵州省理化测试司法鉴定中心出具的黔理化司鉴中心〔2018〕微检字第30号、第31号司法鉴定意见书及鉴定单位的资质证书、鉴定意见通知书、现场勘查笔录、现场图及照片、检查笔录、辨认笔录及照片、辨认赃物照片、作案工具、实施盗窃犯罪现场照片、辨认销赃及收赃地点照片。被告人喻某勇、王某、饶某泽、李某兰及其辩护人均未向本院提供证据材料，附带民事公益诉讼被告李某平、李某忠的委托代理人蒋某某向本院提交了低保证、贫困户登记卡以证实其家庭困难。

（四）一审判案理由

清镇市人民法院环境资源审判庭认为：针对控辩双方对本案的事实认定、法律适用所发表的公诉意见和辩护意见，本院结合经审理查明的事实和证据综合评述如下：1. 关于被告人喻某勇第一次被讯问的时间问题。经查，被告人喻某勇第一次被传唤的时间是 2018 年 5 月 26 日 7：26，第一次接受侦查人员讯问时间为 2018 年 5 月 26 日 19：4，地点是清镇市公安局刑侦大队办案区讯问室（四），未超过 12 小时，且侦查机关于同日已延长对喻某勇、王某、饶某泽的传唤时间至 24 小时。故被告人喻某勇等人在侦查机关所作的第一次讯问笔录程序合法，应作为证据使用。2. 关于被告人喻某勇、王某、饶某泽在盗窃铁合金厂铜板时是否同时实施了拧开变压器闸阀从而导致变压器油渗漏至红枫湖造成污染。经查，被告人喻某勇在第一次至第三次供述中均认可其将变压器外面的闸阀拧开，过了几天看到变压器已经没有淌油就拆开钢板进入变压器里拆铜板的事实，被告人王某在侦查机关所作的多次供述均证实第一次盗窃铜板时喻某勇就把变压器的开关打开，还说“要偷变压器里的铜板就要把变压器的油放干”，第四次盗窃时看到变压器里的油已经流完了，被告人饶某泽的供述证实第一次盗窃铜板时看见喻某勇扭开变压器阀门，离开厂的时候没有关变压器阀门是为让变压器里的液体流完后好偷里面的铜板，第四次盗窃时看到变压器的油已经放完了，就进入变压器里偷铜板的事实，李某平证实在盗窃时发现变压器里有铜板但里面装满了油，喻某勇打开阀门放油，看到房间的地面上全是油，还流到了一楼的地面，第四次盗窃时看到由于下暴雨，变压器那个房间地面的油已被冲刷干净了，其几人就去偷变压器里的铜板，且有现场勘查笔录证实在清镇市红枫湖北湖水域被污染现场附近的铁合金厂三分厂二楼 1 号变压器的两个闸阀下方地面见大量油污，一楼对应 1 号变压器处楼顶见有渗油和漏油，地面有油污，证人杨某某证实被盗变压器的油被放空了，变压器油流到一楼的雨水沟，由于下雨就排入红枫湖，造成湖面被污染，4 月 8 日到厂里查看时变压器都是好的、没有漏油。以上证据可相互印证证实被告人喻某勇、王某、饶某泽以及李某平为盗窃变压器内的铜板而由喻某勇打开被盗变压器闸阀、放空变压器油的事实。3. 关于被告人喻某勇、王某、饶某泽的行为是否构成污染环境罪。首先，被告人喻某勇、王某、饶某泽为盗窃变压器内的铜板而由喻某勇打开闸阀放空变压器油、放任油污进入红枫湖造成环境污染，该油污中含有危险化学品苯乙烯及邻二甲苯，属危险废物，三被告人等实施的盗窃铜板和拧开变压器闸阀放任含有危险废物的变压器油向红枫湖排放系两个独立实施的犯罪行为，且分别具有非法占有财物以及放任环境污染后果发生的两个不同犯罪目的，并非刑法意义上的牵连犯或想象竞合犯；其次，被告人王某、饶某泽虽未直接实施打开变压器闸阀放空变压器油的行为，但作为盗窃共同犯罪的行为人，对其他行为人为顺利完成该犯罪行为而实施的污染环境的行为持放任态度，亦应成立污染环境的共同犯罪。

综上，被告人喻某勇、王某、饶某泽及其辩护人万某某、袁某某所提污染环境罪证据不足、不能成立的辩护意见，因被告人喻某勇、王某、饶某泽在公安机关的多次供述、附带民事公益诉讼被告李某平的证词、现场勘查笔录以及证人杨某某的证词均能相互印证证实被告人喻某勇打开被盗变压器闸阀、放空变压器油的事实，该辩护意见经查不属实，应不予采纳；被告人喻某勇的辩护人万某某以及被告人饶某泽的辩护人袁某某所提盗窃金额有误的辩护意见，因受害单位报案材料、清镇市价格认证中心出具的6份涉案物品估价认定意见书均能相互印证证实盗窃的具体金额，且三被告人在公安机关的多次供述中对盗窃物资的表述与报案数量基本一致，该辩护意见经查不属实，应不予采纳；被告人喻某勇的辩护人万某某所提传唤后约12个小时才进行讯问程序违法的辩护意见，因被告人喻某勇第一次被传唤的时间到第一次接受讯问的时间未超过12小时，且侦查机关已延长传唤时间至24小时，该辩护意见经查不属实，应不予采纳；被告人王某的辩护人罗某某所提盗窃与污染红枫湖是想象竞合犯、不应数罪并罚、污染环境罪不能成立的辩护意见，因三被告人等人实施的盗窃铜板和拧开变压器闸阀放任含有危险废物的变压器油向红枫湖排放系两个独立实施的犯罪行为，且分别具有非法占有财物以及放任环境污染后果发生的两个不同犯罪目的，并非刑法意义上的牵连犯或想象竞合犯，该辩护意见无事实和法律依据，应不予采纳；被告人喻某勇的辩护人万某某所提被告人喻某勇对其他盗窃事实自愿认罪的辩护意见，被告人王某的辩护人罗某某所提被告人王某坦白认罪、请求从轻处罚的辩护意见，被告人饶某泽的辩护人所提被告人饶某泽系初犯、主动交代盗窃事实、应当从轻处罚的辩护意见，被告人李某兰及其辩护人宋某某所提的认定数额应当扣除有机厂被盗后未拿走和已被公安机关收缴的赃物、被告人李某兰系初犯、愿意退缴违法所得、请求从轻处罚适用缓刑的辩护意见，经查均属实，本院均予采纳。

国家、集体财产和公民合法财产受法律保护。被告人喻某勇、王某、饶某泽以非法占有为目的，多次结伙流窜盗窃公私财物，数额巨大，其中被告人喻某勇、饶某泽参与盗窃财物价值人民币253168元，被告人王某参与盗窃财物价值人民币235618元，其行为均已构成盗窃罪。

同时，环境资源是重要的公共资源而应受到严格的保护，任何单位和个人均应按照国家的规定排放、倾倒或者处置危险废物等有毒有害物质，以免对环境造成污染，维护全社会共同生存的环境。被告人喻某勇、王某、饶某泽为实施盗窃犯罪而将含有危险化学品苯乙烯及邻二甲苯并属于危险废物的变压器油向外环境排放，经雨水冲刷后流入红枫湖，致使贵阳市主要饮用水源准保护区水域被污染35万平方米，相关部门为消除对环境的影响花费476643元，公共财产损失达30万元以上，依法应当认定为“严重污染环境”，故三被告人的行为还构成污染环境罪。

再者，犯罪所得及犯罪所得收益是刑事案件的重要物证，能够证明案件的事实及赃物去向，并印证犯罪分子的犯罪动机等，对于查明案件、证明犯罪有着重要作用。被告人李某兰明知是盗窃所得赃物而多次予以收购，妨害司法机关依法追缴犯罪所得及收益。其掩饰、隐瞒犯罪所得三次以上且价值总额达到50000元以上，情节严重，其行为已构成掩饰、隐瞒犯罪所得罪。

综上所述，被告人喻某勇、王某、饶某泽的行为构成盗窃罪、污染环境罪，应分别数罪并罚；被告人李某兰的行为构成掩饰、隐瞒犯罪所得罪，论罪应予处罚。公诉机关指控被告人喻某勇、王某、饶某泽犯盗窃罪、污染环境罪，被告人李某兰犯掩饰、隐瞒犯罪所得罪的罪名成立，应予确认。在本案盗窃和污染环境的共同犯罪中，被告人喻某勇提出盗窃犯意，并实施污染环境的主要犯罪行为，起主要作用，是主犯。被告人王某、饶某泽起次要和辅助作用，是从犯，依法应当从轻处罚；被告人王某在假释期满后五年内再犯应当判处有期徒刑以上刑罚之罪，是累犯，依法应当从重处罚；四被告人归案后尚能如实供述其主要犯罪事实，可依法从轻处罚；被告人饶某泽、李某兰系初犯，还可酌情从轻处罚，且被告人李某兰的亲属已为其退缴违法所得人民币10万元，有悔罪表现，加之被告人李某兰当庭自愿认罪认罚，亦无再犯罪的危险，宣告缓刑对其所居住的社区没有重大不良影响，故可对其适用缓刑。同时，《中华人民共和国侵权责任法》第六十五条规定“因污染环境造成损害的，污染者应当承担侵权责任”，第八条还规定“二人以上共同实施侵权行为，造成他人损害的，应当承担连带责任”。本案附带民事公益诉讼被告喻某勇、王某、饶某泽、李某平四人为实施盗窃而将变压器油放出污染红枫湖，系共同侵权。贵阳市两湖一库管理局为保护社会公共利益，采取清理油污等应急处置措施而花费了相关费用，检察机关依照《最高人民法院、最高人民检察院关于检察公益诉讼案件适用法律若干问题的解释》第二十条“人民检察院对破坏生态环境和资源保护、食品药品安全领域侵害众多消费者合法权益等损害社会公共利益的犯罪行为提起刑事公诉时，可以向人民法院一并提起附带民事公益诉讼，由人民法院同一审判组织审理”的规定提起附带民事诉讼，符合法律规定，应予支持。附带民事公益诉讼被告喻某勇、王某、饶某泽、李某平四人应共同对污染环境造成的损失承担连带责任。根据《中华人民共和国侵权责任法》第十四条的规定，各侵权责任人根据各自责任大小承担相应赔偿责任。结合本案中各被告责任，本院确定由被告喻某勇承担60%的责任，即其应承担赔偿款人民币285985.80元；被告王某、饶某泽各自承担17.5%的责任，即二被告各承担赔偿款人民币83412.53元，附带民事公益诉讼被告李某平实施环境污染行为时是未满18周岁的未成年人，属于限制民事行为能力人，附带民事公益诉讼被告李某忠系李某平的监护人，未尽到监护人责任，依照法律规定，应对李某平环境污染的侵权行为共同承担赔偿责任，本院确定二被告共同承担5%的责任，即二被告共同承担赔偿款人民币23832.15元。上述费用已由贵阳市两湖一库管理局先行支付，各被告的赔偿款应返还给贵阳市两湖一库管理局。

（五）一审定案结论

贵州省清镇市人民法院环境资源审判庭依照《中华人民共和国刑法》第二百六十四条、第三百三十八条、第三百一十二条第一款、第二十五条第一款、第二十七条、第六十五条、第六十七条第三款、第六十九条第一款、第六十九条第三款、第七十二条、第六十四条，《中华人民共和国民法总则》第一百七十八条第二款、第一百八十七条，《中华人民共和国侵权责任法》第六十五条、第八条、第十四条第一款、第十五条第一款第（六）项、第三十二条第一款，《最高人民法院、最高人民检察院关于办理环境污染刑事案件适用法律若干问题的解释》第一条第（九）项、第十七条第四款，《最高人民法院关于审理掩饰、隐瞒犯罪所得、犯罪所得收益刑事案件适用法律若干问题的解释》第三条第（二）项、第十条第一款，《最高人民法院、最高人民检察院关于检察公益诉讼案件适用法律若干问题的解释》第二十条之规定，作出如下判决：

一、被告人喻某勇犯盗窃罪，判处有期徒刑八年，并处罚金人民币50000元；犯污染环境罪，判处有期徒刑二年六个月，并处罚金人民币30000元。数罪并罚，决定执行有期徒刑九年六个月，并处罚金人民币80000元；

二、被告人王某犯盗窃罪，判处有期徒刑六年，并处罚金人民币40000元；犯污染环境罪，判处有期徒刑二年，并处罚金人民币20000元。数罪并罚，决定执行有期徒刑七年，并处罚金人民币60000元；

三、被告人饶某泽犯盗窃罪，判处有期徒刑五年，并处罚金人民币30000元；犯污染环境罪，判处有期徒刑二年，并处罚金人民币20000元。数罪并罚，决定执行有期徒刑六年，并处罚金人民币50000元；

四、被告人李某兰犯掩饰、隐瞒犯罪所得罪，判处有期徒刑三年，缓刑四年，并处罚金人民币30000元。缓刑考验期从本判决确定之日起计算；

五、公安机关查扣的作案工具微型车1辆依法没收，上缴国库；其余作案工具砍刀5把、钢锯1把、钢锯片40片、扳手24把、美工刀5把、美工刀片2盒、夹钳4把、帽子7顶、手套5双、电筒1个、绳子1根、钢钎1根依法没收，予以销毁；

六、被告人李某兰退缴的违法所得人民币100000元依法没收，上缴国库；

七、附带民事公益诉讼被告喻某勇、王某、饶某泽、李某平、李某忠于本判决生效之日起180日内共同赔偿污染环境造成的损失人民币476643元。其中：被告喻某勇赔偿人民币285985.80元；被告王某、饶某泽分别赔偿人民币83412.53元；被告李某平、李某忠共同赔偿人民币 23832. 15 元（上述款项由各附带民事公益诉讼被告支付到贵阳市两湖一库管理局指定账户）。

（六）二审情况

1. 二审诉辩主张

宣判后，原审被告人暨附带民事公益诉讼被告喻某勇、王某、饶某泽不服，提出上诉。（1）喻某勇称：在第一次去清镇市鸿运铁合金厂盗窃的时候就发现有许多油污及工具散落在现场，说明在此之前就有其他人对变压器进行了破坏以及松动了变压器油阀，导致大量变压器油流入红枫湖造成环境污染。上诉人喻某勇没有打开过变压器油阀放油，没有拆过变压器，也没有接变压器油淋在螺丝上，是因为公安人员刑讯逼供，强迫其承认了并非其所为的环境污染案。（2）王某称：一审认定的盗窃金额与实际情况不符；认定上诉人等污染红枫湖纯属诬陷；其主动供述有关案件的线索及事实，应当认定为自首；其在公安机关的供述是受到刑讯逼供后作出的。（3）饶某泽及其辩护人称：①在一审庭审中，上诉人与其他被告人均翻供否认进入变压器内部盗窃铜板，上诉人与其他被告人翻供的内容基本一致，能够相互佐证，即上诉人与其他被告人均未进入变压器内盗窃铜板。依据“疑罪从无”的原则，该项指控不能成立。②上诉人的行为不构成污染环境罪。首先，上诉人与其他被告人在一审中均翻供称喻某勇未打开过变压器油阀开关，且各被告人翻供的内容基本一致，能够相互佐证，且喻某勇文化水平低，此前并未接触过变压器，不了解变压器的结构及操作程序，故上诉人与其他被告人的翻供具有真实性；其次，上诉人与其他被告人在进入厂区入口时发现已经存在其他绳索、工具等，不能排除是其他人去过变压器房盗窃并打开变压器油阀开关的合理怀疑。③原判对于被盗物品的具体数量计算不合理，程序不合法，证据不充分。

原公诉机关暨附带民事公益诉讼起诉人在法定期限内未对原审判决提出异议。

2. 二审事实和证据

经贵阳市中级人民法院审理查明的事实和证据与一审一致，故对一审查明的事实和证据依法予以确认。在二审期间，各上诉人及原审被告人、原审附带民事公益诉讼被告均未提交新的证据。

3. 二审判案理由

贵阳市中级人民法院环境资源审判庭认为：（1）关于上诉人喻某勇、王某、饶某泽以及饶某泽的辩护人所提喻某勇未打开过变压器油阀开关、各上诉人未实施污染环境犯罪行为以及上诉人饶某泽及其辩护人所提原判认定各上诉人进入变压器内盗窃铜板的事实存在错误的上诉理由及辩护意见。经查，第一，在公安机关对各上诉人依法进行讯问时，各上诉人均供述了其在结伙盗窃过程中，为盗窃清镇鸿运铁合金厂三分厂 301 号变压器内的铜板，上诉人喻某勇将该变压器油阀打开任由变压器油流出，并待数日变压器油排空后，拆开该变压器外盖板进入变压器内盗窃铜板的事实。公安机关已对讯问过程进行了同步录音录像，该录音录像证明本案讯问程序合法，讯问笔录客观真实。且各上诉人的供述与其同伙李某平的证言内容相一致。在一审庭前会议中，各上诉人及其辩护人对于本案的讯问录音录像均无异议并要求不再当庭播放，对于本案指控的盗窃事实均无异议。第二，认定上诉人喻某勇、王某、饶某泽的行为已构成污染环境罪的证据除前述各上诉人的供述外，还有检测报告、情况说明、现场照片、天气证明、危险废物处置费用明细及相应票据、公告等书证、证人证言、现场勘验、检查、辨认笔录、鉴定意见及鉴定意见通知书等证据在卷佐证。前述证据已在一审开庭时当庭举证、质证，查证属实，依法应予确认。第三，在一审庭审中，虽然各上诉人均翻供否认其关于喻某勇打开变压器油阀排空变压器油的庭前供述，但根据《最高人民法院关于适用〈中华人民共和国刑事诉讼法〉的解释》第八十三条第二款“被告人庭审中翻供，但不能合理说明翻供原因或者其辩解与全案证据矛盾，而其庭前供述与其他证据相互印证的，可以采信其庭前供述”的规定，本案中，各上诉人对其翻供的原因未能作出合理说明，且各上诉人的庭前供述与其讯问同步录音录像、证人（同案犯）李某平的证言、现场勘验、检查、辨认笔录及照片、天气证明、检测报告、鉴定意见等证据相互印证，故对各上诉人的庭前供述依法应予采信。综上，原判认定上诉人喻某勇、王某、饶某泽的行为已构成污染环境罪，认定事实清楚，证据确实、充分。各上诉人的该项上诉理由不能成立，本院依法不予采纳。

（2）关于上诉人喻某勇、王某所提其在公安机关的供述是受到刑讯逼供后作出的上诉理由。经查，在一审庭前会议中，公诉机关向人民法院提交了各上诉人的讯问同步录音录像、人身体检笔录、入所体检表、侦查人员书面出具的情况说明等证据材料。该组证据材料证明侦查机关的讯问程序合法，各上诉人在入所体检时均无异常，且均否认被打、否认吞食异物。各上诉人及其辩护人在庭前会议中对于该组证据均无异议，对于公诉机关指控的盗窃事实无异议，并明确表示不需要当庭播放讯问同步录音录像。一审法院据此决定本案不启动非法证据排除程序，各上诉人及其辩护人对该决定亦无异议。故上诉人喻某勇、王某所提该项上诉理由不能成立，本院依法不予采纳。

（3）关于上诉人王某所提其主动供述有关案件的线索及事实，应当认定为自首的上诉理由。经查与本案查明事实不符，本院依法不予采纳。

（4）关于上诉人饶某泽所提原判对于被盗物品具体数量的计算不合理，程序不合法，证据不充分的上诉理由。经查，本案被盗财物的价值已经清镇市价格认证中心依法作出鉴定，鉴定结论已依法告知了各上诉人，各上诉人对于价格鉴定意见均无异议且均不申请重新鉴定。故上诉人饶某泽所提该项上诉理由不能成立，本院依法不予采纳。

上诉人喻某勇、王某、饶某泽伙同李某平以非法占有为目的，多次盗窃公私财物，数额巨大，其行为已构成盗窃罪；上诉人喻某勇等人在盗窃过程中打开被盗单位变压器油阀，将含有危险化学品苯乙烯及邻二甲苯并属于危险废物的变压器油向外环境排放，致使红枫湖水域被严重污染，其行为又构成污染环境罪；原审被告人李某兰明知上诉人喻某勇等人向其出售的电缆线、铜板等是犯罪所得，仍予以低价收购，其行为已构成掩饰、隐瞒犯罪所得罪。均应依法处罚，并应对上诉人喻某勇、王某、饶某泽数罪并罚。相关部门为消除环境污染共计花费人民币476643元，故本案共同侵权责任人喻某勇、王某、饶某泽、李某平以及未尽到监护责任的法定代理人李某忠依法应当予以赔偿。上诉人喻某勇、王某、饶某泽所提上诉理由以及饶某泽的辩护人所提辩护意见均不能成立，本院依法不予采纳。原判认定事实清楚，定罪准确，量刑适当，审判程序合法，依法应予维持。

4. 二审定案结论

贵州省贵阳市中级人民法院环境资源审判庭依照《中华人民共和国刑事诉讼法》第二百二十五条第一款第（一）项“原判决认定事实和适用法律正确、量刑适当的，应当裁定驳回上诉或者抗诉，维持原判”、第二百三十三条之规定，作出如下裁定：

驳回上诉，维持原判。

（七）解说

本案结合审理查明的事实和证据综合认定被告人喻某勇、王某、饶某泽的行为构成污染环境罪，在污染环境罪的认定方面具有典型意义。首先，三被告人等实施的盗窃铜板和拧开变压器闸阀放任含有危险废物的变压器油向红枫湖排放系两个独立实施的犯罪行为，且分别具有非法占有财物以及放任环境污染后果发生的两个不同犯罪目的，并非刑法意义上的牵连犯或想象竞合犯；其次，被告人王某、饶某泽虽未直接实施打开变压器闸阀放空变压器油的行为，但作为盗窃共同犯罪的行为人，对其他行为人为顺利完成该犯罪行为而实施的污染环境的行为持放任态度，亦应成立污染环境的共同犯罪。

近年来，公益诉讼的重要性日益凸显，在促进生态环境保护、守护绿水青山方面起到了重要作用。本案检察机关一并提起了附带民事公益诉讼，本案的环境污染损害后果系由附带民事公益诉讼被告喻某勇、王某、饶某泽、李某平四人实施污染环境的共同犯罪及违法行为所致，其四人除应受刑事处罚外，还应对污染环境造成的损失承担连带赔偿民事责任，因此本院既判决被告人承担污染环境的刑事责任，又判决附带民事公益诉讼被告承担污染环境的民事赔偿责任，坚持打击犯罪和修复生态并重，在环境资源审判工作中为推进生态文明建设提供有力的司法保障。

编写人：贵州省清镇市人民法院　刘海英　苏桂兰

10

田某芳等人污染环境刑事附带民事公益诉讼案

（修复生态且认罪认罚可酌情从轻处理）

（一）首部

1. 裁判文书字号

一审判决书：贵州省清镇市人民法院（2019）黔0181刑初58号刑事判决书

一审裁定书：贵州省清镇市人民法院（2019）黔0181刑初58号刑事附带民事裁定书

2. 案由：污染环境罪。

3. 诉讼双方

公诉机关（附带民事公益诉讼起诉人）：贵州省贵阳市花溪区人民检察院。

被告人（附带民事公益诉讼被告）：田某芳。

辩护人：章某某，贵州某律师事务所律师。

被告人（附带民事公益诉讼被告）：阮某华。

辩护人：郭某某，贵州某律师事务所律师。

辩护人：邓某某，贵州某律师事务所律师。

被告人（附带民事公益诉讼被告）：吴某顺。

辩护人：陈某，贵州某律师事务所律师。

附带民事公益诉讼被告：贵州省六盘水某铝业有限责任公司，所在地：六盘水市水城县某乡某村。

法定代表人：黄某某，该公司董事长。

附带民事公益诉讼被告：洪某，男，汉族，现住贵阳市白云区某小区。

委托诉讼代理人：张某某，贵州某律师事务所律师。

委托诉讼代理人：王某，贵州某律师事务所律师。

4. 审级：一审。

5. 审判机关和审判组织

审判机关：贵州省清镇市人民法院。

合议庭组成人员：审判长，刘海英；人民陪审员，季林、汪海杰。

6. 审结时间：2019 年 3 月 28 日。

（二）诉辩主张

1. 公诉机关指控称

2017 年 9 月，被告人田某芳在明知被告人阮某华无处置危险废物资质的情况下，让阮某华帮助处置一批固体工业废物（该工业废物内含电解铝过程中电解槽维修及非其产生的废渣，属危险废物，废物代码：321－023－48，俗称废阴极块）。2017 年 10 月 4 日、5 日，被告人阮某华雇用 17 辆大型货车将被告人田某芳要求处理的 1298. 28 吨固体废物从六盘水转移至贵阳市花溪区董家堰村塘边寨，卖给回收废旧物资的被告人吴某顺。后被告人吴某顺经过筛选认为该批固体废物中的铝锭、钢棒等金属数量与被告人阮某华所说的数量不符，要求被告人阮某华退货。后被告人阮某华与洪某（另案处理）联系，请求洪某帮忙处理，洪某便与经营煤场的张某忠（另案处理）联系，张某忠答应购买。2017 年 10 月 24 日晚，应被告人阮某华的要求，被告人吴某顺雇用 14 辆大型货车将该批固体废物 1000 余吨从贵阳市花溪区董家堰村塘边寨转移至贵阳市修文县龙场镇军民村芹菜沟阳明耐火材料厂，被告人吴某顺明知该批固体废物有污染的情况下，于次日雇人将遗留在贵阳市花溪区董家堰村塘边寨的剩余固体废物倾倒。后张某忠将固体废物中有热值的碳块破碎后售出，无用的石块倾倒在贵阳市修文县龙场镇军民村芹菜沟阳明耐火材料厂周边倒土场。根据贵阳市花溪区环境监测站出具的检测报告，花溪区董家堰村塘边寨固体废物堆放地地表水洼水体内氟化物严重超标，已对周边环境造成污染。为防止危险废物污染进一步扩大、消除环境影响，贵阳市花溪区生态文明建设局和贵阳市修文县生态文明建设局分别委托贵阳市城投环境资产投资管理有限公司将贵阳市花溪区董家堰村塘边寨和贵阳市修文县龙场镇遗留、被倾倒的危险废物进行处置。经贵州省环境科学研究设计院环境损害鉴定评估，涉及危险废物处置、场地生态环境修复、送检化验、后期跟踪检测费用为 379. 6 万元。

2. 被告人辩称

被告人田某芳、阮某华、吴某顺对公诉机关指控其犯污染环境罪的事实和证据均不持异议；被告人田某芳的辩护人章某某以“（1）对起诉书指控被告人田某芳犯污染环境罪的罪名、主要事实、造成的犯罪后果均不持异议；（2）被告人田某芳接到公安机关通知后主动到案接受调查，并如实供述其犯罪事实，系自首，应依法从轻处罚；（3）案发后被告人及家属连同所在公司支付了巨额生态损害赔偿金以减轻犯罪后果，消除对环境的影响；（4）系初犯，请求对其从轻处罚，适用缓刑”为内容发表了辩护意见；被告人阮某华的辩护人郭某某以“（1）对起诉书指控被告人阮某华犯污染环境罪的罪名、主要事实、造成的犯罪后果均不持异议；（2）被告人阮某华接到公安机关通知后主动到案接受调查，并如实供述其犯罪事实，系自首，应依法从轻处罚；（3）在共同犯罪中系从犯，且系初犯；（4）案发后被告人及家属与生态保护职能部门已就生态损害赔偿达成协议，变卖其房产、车辆等支付巨额赔偿款以减轻犯罪后果，请求对其从轻处罚，适用缓刑”为内容发表了辩护意见；被告人吴某顺的辩护人陈某以“（1）对起诉书指控被告人吴某顺犯污染环境罪的罪名、主要事实、情节均不持异议；（2）被告人吴某顺接到公安机关通知后主动到案接受调查，并如实供述其犯罪事实，系自首，应依法从轻处罚；（3）在共同犯罪中系从犯，且系初犯；（4）被告人吴某顺身患严重疾病，家庭困难，请求对其从轻处罚”为内容发表了辩护意见。

（三）事实和证据

贵州省清镇市人民法院环境资源审判庭经公开开庭审理查明：

被告人田某芳系贵州省六盘水某铝业有限责任公司（以下简称某铝业公司）环保科科长，2016年，某铝业公司因维修电解铝槽产生大量废渣，该公司先后委托贵州铝城铝业、中佳环保、云南蓝天环保等公司对该批危险废物进行处置，由被告人田某芳具体负责，被告人阮某华以云南蓝天环保公司工作联系人身份与某铝业公司接洽。2017年9月，被告人田某芳将某铝业公司存放的一批固体工业废物（内含废阴极炭块、钢棒、铝块、砖块等）交由被告人阮某华私下进行处置，被告人阮某华随即将该批固体废物转卖给从事废旧物资回收经营的被告人吴某顺。2017年10月4日、5日，被告人阮某华雇用17辆大型货车将被告人田某芳提供的1298.28吨固体废物从六盘水市某铝业公司运至贵阳市花溪区董家堰村塘边寨被告人吴某顺联系的一停车场内堆放。数日后，被告人吴某顺在对该批固体废物筛选时发现金属数量过少，不能赚取利润，遂要求被告人阮某华退货。后被告人阮某华又将该批固体废物再次转卖给洪某，洪某经与张某忠联系后，让被告人阮某华将该批固体废物运至修文县。2017年12月24日晚，应被告人阮某华的要求，被告人吴某顺雇用14辆大型货车将该批固体废物中约1000吨从贵阳市花溪区董家堰村塘边寨转移至贵阳市修文县龙场镇军民村芹菜沟阳明耐火材料厂，次日，被告人吴某顺雇人将遗留在董家堰村塘边寨停车场内的剩余固体废物进行倾倒、掩埋。张某忠在接受该批固体废物后，将其中有热值的碳块破碎后售出，无用的石块等倾倒在贵阳市修文县龙场镇军民村芹菜沟阳明耐火材料厂周边倒土场。经贵阳市花溪区环境监测站检测，花溪区董家堰村塘边寨固体废物堆放地地表水洼水体内氟化物严重超标，已对周边环境造成污染。为消除对生态环境的影响，贵阳市花溪区生态文明建设局、贵阳市修文县生态文明建设局分别委托贵阳市城投环境资产投资管理有限公司对贵阳市花溪区董家堰村塘边寨、贵阳市修文县龙场镇留存的危险废物进行处置。经贵州省环境科学研究设计院鉴定评估，涉及本案危险废物处置、场地生态环境修复、送检化验、后期跟踪检测等生态环境损害费用共计379.60万元。

贵阳市生态环境局就本案造成的环境损害向贵阳市中级人民法院提起生态损害赔偿诉讼，并于2019年2月26日达成调解协议，由某铝业公司和被告人田某芳、阮某华赔偿各项损失费用合计人民币420.77万元，现已支付255.02万元，余款将于签收调解书之日付清。

在公诉机关审查起诉阶段，被告人田某芳、阮某华、吴某顺自愿认罪认罚，公诉机关分别对其三人提出三年以下有期徒刑或者拘役、三年至四年有期徒刑，并可适用缓刑的量刑建议。

本院在审理被告人田某芳、阮某华、吴某顺污染环境刑事附带民事公益诉讼案中，附带民事公益诉讼起诉人贵阳市花溪区人民检察院于2019年3月19日以其诉讼请求已全部实现为由，向本院提出撤回附带民事公益起诉申请。

上述事实有下列证据予以证明：被告人田某芳、阮某华、吴某顺的户籍证明、归案情况说明、涉嫌犯罪案件移送书、立案决定书、微信聊天记录、贵州鑫泰源公司文件、会议纪要、废阳极炭块台账、工业固废（危险废物）安全处置合同、情况说明、购销合同、议价表、委托书、危险废物转运台账、废水采集与交接记录、原始记录、监测报告、现场照片、举报材料、采样记录及照片、委托鉴定函、情况说明、采样及转运暂存情况说明、处置情况说明、处置合同、复函、危险废物经营许可证、运输许可证、危险废物转移联单、危险废物处置协议、补充协议、情况说明、民事诉状、案件受理通知书、调解笔录、生态环境损害赔偿承诺书、贵阳市中级人民法院复函、认罪认罚具结书、证人邹某某等人的证词、三被告人的供述、贵州省理化测试司法鉴定中心出具的黔理化司鉴中心〔2018〕微检字第02号、第16号、第17号、第18号、第19号司法鉴定意见书及鉴定单位的资质证书、取样地点情况说明、贵州省环境科学研究设计院出具的环境损害鉴定评估报告、鉴定意见通知书、现场勘查笔录、现场图及照片、辨认现场笔录及照片、辨认笔录及照片。三被告人的辩护人向本院提交了贵阳市中级人民法院调解笔录、代付款协议、支付生态损害赔偿款的电子转账凭证、房产、车辆上网交易信息、残疾人证、疾病证明书等证据材料。

（四）判案理由

贵州省清镇市人民法院环境资源审判庭认为：环境资源是重要的公共资源而应受到严格的保护，任何单位和个人均应按照国家的规定排放、倾倒或者处置危险废物等有毒有害物质，以免对环境造成污染，维护全社会共同生存的环境。被告人田某芳、阮某华、吴某顺任意处置含有危险废物的工业废物1000余吨，严重污染环境，造成生态环境损害达379.60万元的特别严重后果，其行为已构成污染环境罪，公诉机关指控三被告人犯污染环境罪的罪名成立。鉴于被告人田某芳、阮某华、吴某顺归案后均能如实供述，自愿认罪认罚，均可依法从轻处罚；被告人吴某顺系从犯，依法应当从轻或减轻处罚，结合本案其犯罪情节，本院决定对其减轻处罚；被告人田某芳、阮某华案发后积极支付生态环境损害费用以减轻犯罪后果，亦可酌情从轻处罚；加之被告人田某芳、阮某华、吴某顺均系初犯，亦无再犯罪的危险，宣告缓刑对其所居住的社区没有重大不良影响，故本院决定对三被告人适用缓刑。公诉机关所提对三被告人适用缓刑的量刑建议适当，本院予以采纳。因被告人田某芳、阮某华分别系在从事环境保护、废旧物资回收经营的活动中实施严重污染环境的犯罪行为，未恪守职业道德，亦未珍惜生态环境资源这一重大社会公共利益，故本院决定依法禁止二被告人在缓刑考验期内再从事环境保护、废旧物资回收经营的相关活动，以免再次对生态环境安全造成危害。

附带民事公益诉讼起诉人贵阳市花溪区人民检察院的撤诉申请合法，且不损害社会公共利益，应当准许。

（五）定案结论

贵州省清镇市人民法院环境资源审判庭依照《中华人民共和国刑法》第三百三十八条、第二十五条第一款、第二十七条、第六十七条第三款、第七十二条以及《最高人民法院、最高人民检察院关于办理环境污染刑事案件适用法律若干问题的解释》第三条第（二）项、第三条第（五）项、第六条第一款、第十七条第四款之规定，作出如下判决：

一、被告人田某芳犯污染环境罪，判处有期徒刑三年，缓刑五年，并处罚金人民币50000元；

二、被告人阮某华犯污染环境罪，判处有期徒刑三年，缓刑五年，并处罚金人民币50000元；

三、被告人吴某顺犯污染环境罪，判处有期徒刑二年，缓刑二年，并处罚金人民币20000元；

四、禁止被告人田某芳在缓刑考验期内从事与环境保护相关的活动；

五、禁止被告人阮某华在缓刑考验期内从事废旧物资回收的经营活动。

贵州省清镇市人民法院环境资源审判庭依照《中华人民共和国民事诉讼法》第一百四十五条第一款，《最高人民法院、最高人民检察院关于检察公益诉讼案件适用法律若干问题的解释》第十九条之规定，作出如下裁定：

准许附带民事公益诉讼起诉人贵阳市花溪区人民检察院撤回附带民事公益起诉。

（六）解说

在检察机关审查起诉阶段，本案被告人田某芳三人均认罪认罚，其本人及家属主动筹措资金要求对污染环境行为造成的环境损害进行修复和赔偿，并在检察院签署了认罪认罚具结书，该案是认罪认罚从宽制度全面实施以来清镇市人民法院环资庭受理的首例被告人签署认罪认罚具结书的案件，被告人田某芳、阮某华在与贵阳市生态环境局达成调解协议后积极支付生态环境损害费用，减轻其犯罪后果，在量刑上可作为酌定从轻情节考虑，检察院对三被告人均提出适用缓刑的量刑建议，本院适用宽严相济的刑事司法政策，综合考虑具体法律规定以及三被告人的犯罪情节等因素，认为三被告人均可从宽处理、适用缓刑。因被告人田某芳、阮某华分别是在从事环境保护、废旧物资回收经营的活动中实施污染环境的犯罪行为，未恪守职业道德，亦未珍惜生态环境资源这一重大社会公共利益，本院依法发出刑事从业禁止令，禁止二被告人在缓刑考验期内再从事环境保护、废旧物资回收经营的相关活动，以免再次对生态环境安全造成危害。

在本案的审理过程中，贵阳市生态环境局已就该案造成的环境损害向贵阳市中级人民法院提起生态损害赔偿诉讼，双方达成调解协议，由某铝业公司和被告人田某芳、阮某华赔偿各项损失费用合计420.77万元。附带民事公益诉讼起诉人贵阳市花溪区人民检察院以其诉讼请求已全部实现为由，庭前提出撤回附带民事公益起诉申请，本院审查后认为检察院的撤诉申请合法，且不损害社会公共利益，遂当庭准予其撤回附带民事公益起诉。

编写人：贵州省清镇市人民法院　刘海英　苏桂兰

11

廖某非法占用农用地刑事附带民事公益诉讼案

（刑事附带民事部分因被告承诺修复生态作和解处理）

（一）首部

1. 裁判文书字号

贵州省清镇市人民法院（2019）黔0181刑初57号刑事附带民事判决书

2. 案由：非法占用农用地罪。

3. 诉讼双方

公诉机关（附带民事公益诉讼起诉人）：贵州省贵阳市花溪区人民检察院。

被告人（附带民事公益诉讼被告）：廖某。

辩护人：陈某某，贵州某律师事务所律师。

4. 审级：一审。

5. 审判机关和审判组织

审判机关：贵州省清镇市人民法院。

合议庭组成人员：审判长，刘海英；人民陪审员，季林、桑德志。

6. 审结时间：2019年3月14日。

（二）诉辩主张

1. 公诉机关指控称

2017年1月至11月，被告人廖某在未办理任何用地手续的情况下，非法占用花溪区清溪社区服务中心桐木岭村寨王山的集体土地用于建倒土场，经贵州省林业科学研究院司法鉴定中心对贵州旺泰建设投资公司破坏的林地进行鉴定，鉴定结果：该宗地被破坏林地面积45.34亩，其中防护林面积27.36亩，特种用途林地17.98亩，对原有林地种植条件造成了严重毁坏。

附带民事公益诉讼起诉人贵阳市花溪区人民检察院认为被告人廖某的非法占用农用地行为造成林地大量毁坏，破坏环境，损害公共利益，故请求判令被告人廖某对其非法占用并破坏的土地进行修复、恢复土地生态功能。

2. 被告人辩称

被告人廖某对公诉机关指控其犯非法占用农用地罪的事实和证据均不持异议，表示愿意并已着手土地复垦的生态修复。其辩护人陈某某以“（1）对起诉书指控被告人廖某犯非法占用农用地罪的罪名、主要事实、数量均不持异议；（2）被告人廖某接到公安机关通知后主动到案接受调查，并如实供述其犯罪事实，系自首，应依法从轻处罚；（3）被告人廖某积极采取复垦措施修复生态，请求对其从轻处罚”为内容发表了辩护意见。

（三）事实和证据

贵州省清镇市人民法院环境资源审判庭经公开开庭审理查明：

2016年，被告人廖某以其成立的贵州旺泰建设投资公司向贵阳市花溪区清溪社区桐木岭村村民委员会有偿流转村集体土地作渣土吸收填土改良，并取得1.1245公顷土地的临时用地手续。2017年1月至11月，被告人廖某在经营倒土场的过程中，在其获得用地审批之外的花溪区桐木岭村寨王山集体土地非法倾倒建筑渣土。经贵州省林业科学研究院司法鉴定中心现场勘测鉴定，被告人廖某在桐木岭村寨王山占用林地面积45.34亩，其中防护林地27.36亩、特种用途林地17.98亩，被占用林地因渣土倾倒等经营活动被毁坏，对原有林业种植条件造成严重毁坏。

在本案审理过程中，被告人廖某的家属已着手实施土地复垦，被告廖某书面亦承诺按照相关部门要求继续履行生态修复义务，确保生态修复效果。附带民事公益诉讼起诉人贵阳市花溪区人民检察院对被告人廖某的生态修复行为予以认可，本案刑事附带民事公益诉讼部分作和解处理。

上述事实有下列证据予以证明：涉嫌犯罪案件移送书、立案决定书、被告人廖某的身份户籍信息、到案经过、贵州旺泰建设投资公司营业执照、公司章程、公司会议纪要、投资说明、弃土场经营合作协议、花溪区人民政府会议纪要、农村集体土地流转合同、会议记录、签到册、贵阳市国土资源局花溪分局出具的情况说明、文件、建设征用土地勘丈登记表、责令停止违法行为通知书、银行卡流水单、土地复垦方案报告书、照片、公告、证人龙某某等人的证词、被告人的供述、贵州省第一测绘院出具的《寨王山倒土场测绘报告》、贵阳市国土资源局出具的筑国土资鉴〔2018〕1号耕地破坏程度鉴定意见书及测绘单位及测绘人的资质证书、贵州省林业科学研究院司法鉴定中心出具的贵州省林科院司鉴〔2017〕林鉴字第007号《司法意见书》及鉴定单位、鉴定人的资质证书、鉴定意见通知书、现场辨认笔录及照片。辩护人陈某某向本院提交实施土地复垦的现场照片等证据材料。

（四）判案理由

贵州省清镇市人民法院环境资源审判庭认为：林地作为重要的环境资源受法律保护，对林地的开发、利用应当遵守相关的土地管理法律、法规，珍惜、合理利用。被告人廖某违反土地管理法规，未办理林地征占用审批手续，为生产经营活动而占用并毁坏林地45.34亩，其行为已构成非法占用农用地罪，公诉机关指控其犯非法占用农用地罪的罪名成立。鉴于被告人廖某归案后能如实供述，当庭自愿认罪认罚，且系初犯，可依法从轻处罚，案发后其亲属已为其着手实施生态修复，加之其亦书面承诺按期保质完成生态修复，有悔罪表现，可酌情从轻处罚。公诉机关所提对其在有期徒刑三年以下幅度内处罚的量刑建议适当，本院予以采纳。

（五）定案结论

贵州省清镇市人民法院环境资源审判庭依照《中华人民共和国刑法》第三百四十二条、第六十七条第三款以及《最高人民法院关于审理破坏林地资源刑事案件具体应用法律若干问题的解释》第一条之规定，作出如下判决：

被告人廖某犯非法占用农用地罪，判处有期徒刑九个月，并处罚金人民币30000元。

（六）解说

对土地的开发、利用应当遵守相关的土地管理法律、法规，珍惜、合理利用，被告人廖某违反土地管理法规，未办理林地征占用审批手续，为生产经营活动而占用并毁坏林地45.34亩，其中防护林地27.36亩、特种用途林地17.98亩，其行为已构成非法占用农用地罪，应按照我国刑法的规定判处相应的刑罚。在本案审理过程中，被告人廖某的家属已着手实施土地复垦，被告人廖某也书面承诺按照修复方案要求继续履行生态修复义务，对其犯罪行为造成的后果积极进行补救，有悔罪表现，因此在量刑时酌情从轻处罚，体现了宽严相济的刑事司法政策。

被告人廖某非法占用农用地行为对生态环境造成了破坏，除应受刑事处罚外，还应承担修复生态的民事责任，因此检察机关一并提起了附带民事公益诉讼，要求对其非法占用并破坏的土地进行修复、恢复土地生态功能。在本案审理过程中，被告人廖某的家属已着手实施土地复垦，被告人廖某亦书面承诺按照相关部门要求继续履行生态修复义务，确保生态修复效果，附带民事公益诉讼起诉人对被告人廖某的生态修复行为予以认可，本案刑事附带民事公益诉讼部分作和解处理。

编写人：贵州省清镇市人民法院　刘海英　苏桂兰

12

梁某明非法收购、出售珍贵、濒危野生动物[①] 刑事附带民事公益诉讼案

（民事责任承担方式的创新）

（一）首部

1. 裁判文书字号

贵州省清镇市人民法院（2020）黔0181刑初40号刑事附带民事判决书

2. 案由：非法收购、出售珍贵、濒危野生动物罪。

3. 诉讼双方

公诉机关（附带民事公益诉讼起诉人）：贵州省贵阳市白云区人民检察院。

被告人（附带民事公益诉讼被告）：梁某明。

辩护人：虞某，贵州某律师事务所律师。

4. 审级：一审。

5. 审判机关和审判组织

审判机关：贵州省清镇市人民法院。

合议庭组成人员：审判长，舒子贵；审判员，韦俊忠、刘海英；人民陪审员，夏维军、谢璟芸、汪海杰、陈光芬。

6. 审结时间：2020年6月10日。

（二）诉辩主张

1. 公诉机关指控称

被告人梁某明在未办理野生动物驯养繁殖许可证的情况下，长期在网络上通过微信名“辣椒”的名义收购、出售珍贵、濒危野生动物用于盈利，2019年2月至5月，梁某明非法

---

① 根据2021年2月26日公布的《最高人民法院、最高人民检察院关于执行〈中华人民共和国刑法〉确定罪名的补充规定（七）》，该罪名修改为“危害珍贵、濒危野生动物罪”。

收购、出售珍贵、濒危野生动物红腿陆龟1只、豹纹陆龟1只、泰加蜥1只、红尾蚺1条、球蟒1条。经云南濒科委司法鉴定中心鉴定，红腿陆龟、豹纹陆龟均系龟鳖目陆龟科象龟属，泰加蜥为蜥蜴目美洲鬣蜥科双领蜥属，红尾蚺为蛇目蚺科蚺属，球蟒为蛇目蟒科蟒属，均被列入《濒危野生动植物种国际贸易公约》（CITES）附录Ⅱ物种，经济价值共计16500元。

附带民事公益诉讼起诉人贵阳市白云区人民检察院认为被告人梁某明非法收购、出售珍贵、濒危野生动物的行为破坏生态资源环境、损害公共利益，故请求判令其于刑满释放后一年内在野生动物保护机构从事相关方面的公益活动30次。

2. 被告人辩称

被告人梁某明对公诉机关指控其犯非法收购、出售珍贵、濒危野生动物罪的事实和证据均不持异议，其辩护人虞某以“（1）对起诉书指控的罪名、主要事实、证据均不持异议；（2）被告人梁某明收购、出售野生动物系基于自身对爬宠的喜爱，主观恶性不大；（3）到案后如实供述，系坦白；（4）系初犯，并认罪认罚，依法应从轻处罚；（5）其母患有精神病且离异，需要被告人照料，故请求对其从轻处罚”为内容发表了辩护意见。

（三）事实和证据

贵州省清镇市人民法院环境资源审判庭经公开开庭审理查明：

2019年2月至5月，被告人梁某明在未取得野生动物驯养繁殖许可证的情况下，以“辣椒”之名通过手机微信交易平台收购、出售珍贵、濒危野生动物陆龟、泰加蜥、红尾蚺、球蟒共5只（条），牟取经济利益。具体犯罪事实如下：

1. 2019年2月，被告人梁某明在其位于贵阳市南明区彩虹巷81号家中通过手机微信交易的方式以人民币1800元向黄某某（另案处理）出售泰加蜥1只，经云南濒科委司法鉴定中心鉴定，该泰加蜥为蜥蜴目美洲鬣蜥科双领蜥（泰加蜥）属，被列入《濒危野生动植物种国际贸易公约》附录Ⅱ物种，经济价值为人民币1500元；

2. 2019年4月2日，被告人梁某明在其家中通过手机微信转账的方式以人民币1000元向杨某（另案处理）收购红腿陆龟和豹纹陆龟各1只，后将豹纹陆龟与黄某霖置换回其出售的泰加蜥，经云南濒科委司法鉴定中心鉴定，该红腿陆龟、豹纹陆龟均系龟鳖目陆龟科象龟属，均被列入《濒危野生动植物种国际贸易公约》附录Ⅱ物种，经济价值均为人民币2500元；

3. 2019年5月8日，被告人梁某明在其家中通过手机微信转账的方式以人民币500元向王某某（另案处理）收购红尾蚺1条，同月30日，被告人梁某明以手机微信交易的方式将该条红尾蚺以人民币1200元出售给张某某（另案处理），经云南濒科委司法鉴定中心鉴定，该红尾蚺为蛇目蚺科蚺属，被列入《濒危野生动植物种国际贸易公约》附录Ⅱ物种，经济价值为人民币5000元；

4. 2019年5月31日，被告人梁某明在贵阳市花溪区小河转盘德克士店附近通过手机微信转账的方式以人民币2600元向谢某某（另案处理）收购了球蟒1条，经云南濒科委司法鉴定中心鉴定，该球蟒为蛇目蟒科蟒属，被列入《濒危野生动植物种国际贸易公约》附录Ⅱ物种，经济价值为人民币5000元。

另查明，案发后，侦查机关从被告人梁某明家中还查扣了鬃狮蜥6只、玉米蛇3条、豹纹守宫3只、蛙16只、泰加蜥1只、蝎子1只、蜈蚣（死体）1只、蜘蛛220只，经云南濒科委司法鉴定中心鉴定，220只蜘蛛中有109只系短尾蛛，为蛛形目捕鸟蛛科短尾蛛属，被列入《濒危野生动植物种国际贸易公约》附录Ⅱ物种；其余捕鸟蛛科物种为非保护物种，树蛙为无尾目树蛙科树蛙属，非保护物种；玉米锦蛇为非中国国家重点保护野生动物，亦未被列入《濒危野生动植物种国际贸易公约》附录Ⅰ/Ⅱ/Ⅲ物种。

审理中还查明，被告人梁某明非法收购、出售的泰加蜥、红腿陆龟、豹纹陆龟、红尾蚺、球蟒均为非原产于我国的野生动物，根据《最高人民法院关于审理破坏野生动物资源刑事案件具体应用法律若干问题的解释》之《非法猎捕、杀害、收购、运输、出售珍贵、濒危野生动物刑事案件“情节严重”、“情节特别严重”数量认定标准》中无与其分别同科、属的国家一级、二级保护野生动物“情节严重”“情节特别严重”的认定标准，应当按照该罪的一般情节认定；查获的陆龟、红尾蚺、球蟒等野生动物现交由贵阳市黔灵山公园管理处进行救助喂养；在公诉机关审查起诉阶段，被告人梁某明自愿认罪认罚，并签署认罪认罚具结书，公诉机关在庭审中对其提出判处一年二个月至二年有期徒刑、并处罚金的量刑建议。

上述事实有下列证据予以证明：作案工具手机2部、扣押决定书、扣押清单、扣押笔录及被扣押的物证照片、被告人梁某明的身份户籍信息、前科查询表、指定管辖决定书、受案登记表、立案决定书、查获经过、提取手机微信交易记录笔录及照片、贵州省林业局野生动植物保护处出具的证明、救助动物接收函、办案情况说明、公告、证人谢某某（微信名“z”）等人的证词、被告人的供述、云南濒科委司法鉴定中心濒司鉴（动）字〔2019〕第586号、第569号、第1642号司法鉴定意见书、云南昆明忆尘森林司法鉴定中心昆忆鉴〔2019〕动检字第75号司法鉴定意见书、鉴定单位及鉴定人的资质证书、鉴定意见通知书、现场勘验笔录、现场图及照片、辨认现场、被交易的野生动物笔录及照片、辨认交易对象笔录及照片。辩护人虞某向本院提交了被告人梁某明之母何某某患有偏内型精神分裂症等疾病的证明书。

（四）判案理由

贵州省清镇市人民法院环境资源审判庭认为：珍贵、濒危野生动物是人类宝贵的自然资源，不仅具有昂贵的经济价值，而且还具有丰富的文化内涵，理应受到法律保护。现在正值新冠肺炎疫情期间，更应当意识到人与自然和谐共生的科学性和重要性，保护野生动物就是保护人类自己，以食用、买卖为目的而肆意猎捕、杀害野生动物将会导致生态环境遭受严重破坏，对非法猎捕、杀害、收购、运输、出售野生动物及制品的犯罪行为应当发挥刑罚惩罚、预防和指引的功能，以维护生物安全和生态安全，有效防范重大公共卫生风险。被告人梁某明违反野生动物保护法规，以营利为目的，未经有关部门批准，收购、出售纳入国际公约保护目录物种的珍贵、濒危动物，其行为已构成非法收购、出售珍贵、濒危野生动物罪，论罪应予处罚，公诉机关指控其犯非法收购、出售珍贵、濒危野生动物罪的罪名成立。鉴于被告人梁某明归案后能如实供述其犯罪事实，并自愿认罪认罚，有悔罪表现，故可依法从轻处罚。被告人梁某明的辩护人虞某所提罪轻辩护意见经查属实，本院已采纳；公诉机关提出对其判处一年二个月至二年有期徒刑的量刑建议适当，本院予以采纳。同时，被告梁某明非法收购、出售珍贵、濒危野生动物的犯罪行为破坏自然生态系统，损害社会公共利益，贵阳市白云区人民检察院在提起刑事公诉时附带提起民事公益诉讼起诉于法有据，且提起要求被告梁某明在野生动物保护机构从事相关公益活动的诉讼请求不仅具有对行为人的惩戒性和教育性，更具有公益诉讼本质的社会公益性，应予支持。

（五）定案结论

贵州省清镇市人民法院环境资源审判庭依照《中华人民共和国刑法》第三百四十一条第一款、第六十七条第三款、第六十四条，《中华人民共和国民法总则》第一百八十七条，《中华人民共和国刑事诉讼法》第十五条以及《最高人民法院关于审理破坏野生动物资源刑事案件具体应用法律若干问题的解释》第一条、第二条、第十条之规定，作出如下判决：

一、被告人梁某明犯非法收购、出售珍贵、濒危野生动物罪，判处有期徒刑一年二个月，并处罚金人民币5000元；

二、查扣野生动物红尾蚺1条、豹纹陆龟1只、鬃狮蜥6只、玉米蛇3条、豹纹守宫3只、红腿陆龟1只、蛙16只、球蟒1条、泰加蜥2只、蝎子1只、蜈蚣（死体）1只、蜘蛛220只；作案工具Vivo黑色手机、Meizu蓝色手机各1部依法没收，予以销毁；

三、附带民事公益诉讼被告梁某明于刑满释放后一年内在贵阳市野生动植物管理站从事相关公益活动不少于30次。

（六）解说

人类是自然的一部分，珍贵、濒危野生动物资源是人类宝贵的自然资源，理应受到法律的严格保护。现在正值新冠肺炎疫情期间，更应当意识到人与自然和谐共生的科学性和重要性。保护生物多样性，防止生态环境的破坏，能够起到有效防范重大公共卫生风险和自然灾害的作用。本案被告人梁某明在未办理野生动物驯养繁殖许可证的情况下，长期在网络上通过微信和论坛平台非法收购、出售珍贵、濒危野生动物。涉案的野生动物经司法鉴定，均属于《濒危野生动植物种国际贸易公约》附录Ⅱ物种，其行为已经构成非法收购、出售珍贵、濒危野生动物罪。因《最高人民法院关于审理破坏野生动物资源刑事案件具体应用法律若干问题的解释》中无与涉案珍贵、濒危野生动物分别同科、属的国家一级、二级保护野生动物“情节严重”“情节特别严重”的认定标准，本案按照该罪的一般情节认定。

本案检察机关提起了刑事附带民事公益诉讼，认为被告人的犯罪行为破坏自然生态系统，损害社会公共利益，要求判令其在野生动物保护机构从事相关公益活动不少于30次。相对于单纯让被告人赔偿野生动物经济价值，让被告人从事社会公益活动更能体现对被告人的惩戒和教育，更具有公益诉讼本质的社会公益性，也能更好地探索刑事附带民事公益诉讼被告人承担责任的方式，故法院支持了刑事附带民事公益诉讼起诉人的诉请。判决生效后，法院将会同公益诉讼起诉人一起监督被告人履行从事公益活动的判决内容。

编写人：贵州省清镇市人民法院　刘海英　苏桂兰

13

钟某招污染环境刑事附带民事公益诉讼案

（污染环境罪量刑和恢复性司法实践）

（一）首部

1. 裁判文书字号

贵州省清镇市人民法院（2019）黔 0181 刑初 487 号刑事附带民事判决书

2. 案由：污染环境罪。

3. 诉讼双方

公诉机关（附带民事公益诉讼起诉人）：贵州省贵阳市花溪区人民检察院。

被告人（附带民事公益诉讼被告）：钟某招。

辩护人：徐某，贵州某律师事务所律师。

辩护人：张某某，贵州某律师事务所律师。

4. 审级：一审。

5. 审判机关和审判组织

审判机关：贵州省清镇市人民法院。

合议庭组成人员：审判长，刘海英；人民陪审员，夏维军、谢璟芸。

6. 审结时间：2019 年 12 月 17 日。

（二）诉辩主张

1. 公诉机关指控称

被告人钟某招于 2017 年 4 月起从贵州闽雅顺工程机械有限公司租赁位于贵阳市花溪区溪北社区竹林村的一块场地，用于维修挖掘机发动机，在清洗、维修发动机过程中产生的油水混合物，直接通过沟槽进行排放，对环境造成污染，直到 2018 年 10 月 29 日被公安机关、环保部门查获。

附带民事公益诉讼起诉人贵阳市花溪区人民检察院认为被告人钟某招利用沟槽排放废机油的行为损害公共利益，故请求判令被告人钟某招对污染现场进行清理、消除危险。

2. 被告人辩称

被告人钟某招对公诉机关指控其犯污染环境罪的事实和证据以及附带民事公益诉讼请求均不持异议，表示其已出资对现场进行了无害化处理，其辩护人徐某、张某某以“①对起诉书指控被告人钟某招犯污染环境罪的罪名、主要事实、证据均不持异议；②被告人钟某招积极修复生态，有悔罪表现，且系初犯，并如实供述，依法从轻处罚；③被告人钟某招自愿认罪认罚，犯罪主观恶性较小，家庭较困难，故请求对其适用缓刑”为内容发表了辩护意见。

（三）事实和证据

清镇市人民法院环境资源审判庭经公开开庭审理查明：

2018 年 5 月，被告人钟某招租用贵州闽雅顺工程机械有限公司在贵阳市花溪区溪北社区竹林村的场地用于挖掘机发动机的维修与清洗，在未经过任何处理的情况下，将维修、清洗挖掘机发动机过程中产生的油水混合物通过排水口直接排放至外环境，由于现场处于岩溶喀斯特地貌区，造成污染物下渗，严重污染环境。

经贵州省分析测试研究院司法鉴定中心鉴定，被告人钟某招外排的油水混合物含有矿物油，属于危险废物。经贵州省地矿局地球物理地球化学勘查院现场勘查，案发区域地处岩溶喀斯特地貌区，区内出露溶孔、溶洞及泉点等，岩溶较为发育，最低侵蚀基准面为花溪河，区内均为碳酸盐岩地层，企业生产及生活污水排放，污染物下渗，导致地下水受到污染，影响地下水质量。

另查明，在公诉机关审查起诉阶段，被告人钟某招自愿认罪认罚，并签署认罪认罚具结书，公诉机关对其提出判处有期徒刑六个月至九个月、并处罚金 3000 – 6000 元、可适用缓刑的量刑建议。

上述事实有下列证据予以证明：被告人钟某招的身份户籍信息、前科查询情况说明、涉嫌犯罪案件移送书、立案决定书、到案经过、委托处置合同、行政处罚决定书、证明、现场照片、花溪区环境监测站出具的监测报告、废水采集与交接记录 pH 原始记录、油类原始记录、环境监测技术服务合同书、监测报告、工程施工服务合同、无害化处理项目完工报告、现场照片、证人郑某某等人的证词、被告人钟某招的供述、贵州省分析测试研究院司法鉴定中心出具的黔测试司鉴中心〔2018〕微检字第 52 号《司法鉴定意见书》及鉴定单位、鉴定人员的资质证书、贵州省地矿局地球物理地球化学勘查院出具的地质调查情况说明及调查单位的资质证书、鉴定意见通知书、辨认现场笔录及照片、辨认嫌疑人笔录及照片。被告人钟某招的辩护人徐某、张某某向本院提交了无害化处理后的现场照片 4 张。

（四）判案理由

贵州省清镇市人民法院环境资源审判庭认为：环境资源是重要的公共资源而应受到法律

的严格保护，任何单位和个人均应按照国家的规定排放、倾倒或者处置危险废物等有毒有害物质，以免对环境造成污染，从而维护全社会共同生存的环境。被告人钟某招任意排放属于危险废物的生产废水，且排放区域地处岩溶喀斯特地貌区，区内出露溶孔、溶洞及泉点等，造成污染物下渗，严重污染环境，其行为已构成污染环境罪。鉴于被告人钟某招归案后能如实供述，当庭自愿认罪认罚，且系初犯，可依法从轻处罚，案发后已修复被污染的环境，有悔罪表现，亦无再犯罪的危险，宣告缓刑对其所居住的社区没有重大不良影响，故本院决定其适用缓刑。被告人钟某招的辩护人徐某、张某某所提的罪轻辩护意见经查属实，本院予以采纳。公诉机关所提对其可适用缓刑的量刑建议适当，本院予以采纳。

案发后，被告人钟某招已出资委托中佳环保公司对被污染的场地进行无害化处理，消除对环境的影响，经监测，被污染场地土壤中石油烃含量已达标。附带民事公益诉讼起诉人贵阳市花溪区人民检察院对被告人钟某招的环境修复行为予以认可，本案刑事附带民事公益诉讼部分作和解处理。

（五）定案结论

贵州省清镇市人民法院环境资源审判庭依照《中华人民共和国刑法》第三百三十八条、第六十七条第三款、第七十二条，《中华人民共和国刑事诉讼法》第十五条以及《最高人民法院、最高人民检察院关于办理环境污染刑事案件适用法律若干问题的解释》第一条第（三）项、第一条第（四）项、第五条之规定，作出如下判决：

被告人钟某招犯污染环境罪，判处有期徒刑八个月，缓刑一年，并处罚金人民币5000元（限判决生效后立即缴纳）。缓刑考验期从本判决确定之日起计算。

（六）解说

危险废物等有毒有害物质的排放、倾倒或者处置必须严格按照国家规定进行，本案被告人钟某招任意排放属于危险废物的生产废水，且排放区域地处岩溶喀斯特地貌区，区内出露溶孔、溶洞及泉点等，造成污染物下渗，严重污染环境，其行为构成污染环境罪。因被告人排放危险废物的行为损害公共利益，公诉机关一并提起附带民事公益诉讼要求被告人对污染现场进行清理、消除危险，案件审理期间，被告人出资委托专门的公司对被污染的场地进行无害化处理，消除对环境的影响，经监测被污染场地土壤中石油烃含量已达标，附带民事公益诉讼起诉人对被告人的环境修复行为予以认可，本案刑事附带民事公益诉讼部分作和解处理。

《中共中央办公厅、国务院办公厅印发关于构建现代环境治理体系的指导意见》要求探索建立“恢复性司法实践＋社会化综合治理”审判结果执行机制，本案在公诉机关审查起诉阶段，被告人自愿认罪认罚，签署认罪认罚具结书，且已经履行生态修复义务，对其犯罪行为造成的后果积极进行补救，按照《最高人民法院、最高人民检察院关于办理环境污染刑事案件适用法律若干问题的解释》第五条规定应当从轻处罚，本案在量刑时对被告人从轻处罚，体现了宽严相济的刑事司法政策，也体现了环资庭一贯坚持的恢复性司法理念，在惩罚犯罪的同时修复受损害的生态环境，本案在污染环境刑事案件的量刑和恢复性司法实践方面具有典型意义。

编写人：贵州省清镇市人民法院　刘海英　苏桂兰

14

贵州省某瓷业有限公司、胡某强、杨某强污染环境案

（非法处置危险废物的认定和危险废物处置方式的革新）

（一）首部

1. 裁判文书字号

贵州省清镇市人民法院（2019）黔0181刑初432号刑事判决书

2. 案由：污染环境罪。

3. 诉讼双方

公诉机关：贵州省修文县人民检察院。

被告单位：贵州省某瓷业有限公司，所在地：贵州省贵阳市修文县某镇某村。

辩护人：黄某，贵州某律师事务所律师。

诉讼代表人：邓某，男，住贵州省修文县某镇某村某瓷业有限公司宿舍，该公司行政经理。

被告人：胡某强。

辩护人：黄某某，贵州某律师事务所律师。

被告人：杨某强。

辩护人：尹某某，贵州某律师事务所律师。

4. 审级：一审。

5. 审判机关和审判组织

审判机关：贵州省清镇市人民法院。

合议庭组成人员：审判长，刘海英；人民陪审员，夏维军、汪海杰。

6. 审结时间：2019年12月24日。

（二）诉辩主张

1. 公诉机关指控称

2017年7、8月的一天，被告单位贵州省某瓷业有限公司（以下简称某瓷业公司）在没

有取得危险废物经营许可证的情况下，公司管理层开会决定，将生产过程中产生的煤焦油通过管道输送至生产线喷雾干燥塔中进行焚烧。自2017年8月10日至2018年11月19日，被告单位某瓷业公司共计焚烧煤焦油1266.9吨。被告人胡某强作为某瓷业公司法定代表人，系主要负责人，被告人杨某强系生产部原料车间主任，具体负责实施焚烧煤焦油。2018年12月5日，经贵州省分析测试研究院司法鉴定中心鉴定，检材S201820054中含有矿物油，属于危险废物。

2. 被告人辩称

被告单位某瓷业公司、被告人胡某强、杨某强对公诉机关指控其犯污染环境罪的事实和证据均不持异议。(1) 被告单位某瓷业公司的辩护人黄某以“①被告单位某瓷业公司的环保系统是由有资质的单位专业设计、依法定程序组织验收，并已取得完备行政许可手续，依法正常投入生产经营；②公诉机关以某瓷业公司‘未取得危险废物经营许可证’为由指控其犯污染环境罪，无事实和法律依据；③某瓷业公司无‘非法处置危险废物’之违法行为，指控的证据不足。被告单位是按照环评报告对生产过程中煤气发生炉的副产品进行循环综合利用，经在线监测及现场检查均未发现对外环境造成污染，故指控的证据不足，罪名不能成立”为内容发表了辩护意见。(2) 被告人胡某强的辩护人黄某某以“①对起诉书指控被告人胡某强犯污染环境罪的罪名、主要事实及证据均不持异议；②被告人胡某强接到公安机关通知后主动到案接受调查，并如实供述其犯罪事实，系自首，应依法从轻处罚；③胡某强系公司法定代表人，但并不具备环境专业知识，被查处后，公司立即停止了自行处置行为，没有对生态环境造成影响；④某瓷业公司到修文县落地投产后积极承担企业社会责任，案发后主动进行补植复绿，请求对其从轻处罚”为内容发表了辩护意见。(3) 被告人杨某强的辩护人尹某某以“①对起诉书指控被告人杨某强犯污染环境罪的罪名、主要事实及证据均不持异议；②被告人杨某强接到公安机关通知后主动到案接受调查，并如实供述其犯罪事实，系自首，应依法从轻处罚；③被告人杨某强无违法犯罪记录，系初犯，请求对其从轻处罚”为内容发表了辩护意见。

（三）事实和证据

贵州省清镇市人民法院环境资源审判庭经公开开庭审理查明：

某瓷业公司是修文县人民政府2016年招商引资的民营企业，2017年10月纳入规模以上工业企业，被告人胡某强系某瓷业公司法定代表人，并兼任供应部部长，被告人杨某强系生产部原料车间主任，负责喷雾干燥塔工作。该公司在修文县久长镇二关坝工业园区投资建设高档建筑陶瓷砖生产线建设项目系贵州省2016年重点工业项目，2017年4月，该项目先后由贵州中咨环科科技有限公司编制《环境影响报告书》、贵州省环境工程评估中心评估、修文县环境保护局预审，2017 年 6 月 19 日，贵阳市环境保护局以筑环审〔2017〕42 号文件原则同意环评报告中所列规模、拟采取的环境保护措施及拟选地点，并明确要求“落实固体废物及危险废物处理处置措施，营运期酚氰污水和焦油收集沉淀物、设备检修废机油等危险废物，严格按照《危险废物贮存污染控制标准》（GB18597－2001）及 2013 年修改单规定，收集、贮存、运输并应交由具有危险废物经营许可证的单位进行处置”，11 月 2 日进行环保验收备案，备案号为 520100－2017－077。2017 年被告单位某瓷业公司开始试生产后，将煤气生产过程中产生的酚氰污水和煤焦油收集、贮存于密闭池中，同时，被告人胡某强组织某瓷业公司管理层开会，经会议讨论决定，将酚氰污水和煤焦油通过管道输送至被告人杨某强负责的生产线喷雾干燥塔中进行焚烧后排放，2018 年 11 月 20 日被修文县环境保护局查处。自 2017 年 8 月 10 日至 2018 年 11 月 19 日，被告单位某瓷业公司共计焚烧煤焦油 1268.4 吨。2018 年 12 月 5 日，经贵州省分析测试研究院司法鉴定中心鉴定，从被告单位某瓷业公司提取的疑似煤焦油检材中检测出含有矿物油，属于危险废物。

案发后，被告单位某瓷业公司已将煤焦油等危险废物先后交由具有危险废物经营许可证的贵阳市城投环境资产投资管理有限公司、贵州中佳环保有限公司进行处置；2019 年 8 月至 9 月，某瓷业公司在修文县久长镇兴隆村燕子岩种植油茶树 60 余亩，成活率达 95% 以上，该经济林木收益由兴隆村享有。

本案由修文县公安局于 2018 年 11 月 22 日决定立案侦查，次日侦查人员对被告人杨某强进行调查询问，2018 年 12 月 18 日，修文县公安局治安大队民警电话通知被告人胡某强、杨某强到案并接受调查；在公诉机关审查起诉阶段，被告人胡某强、杨某强自愿认罪认罚，并签署认罪认罚具结书，公诉机关分别对其二人提出判处有期徒刑三年，并可适用缓刑的量刑建议。

上述事实有下列证据予以证明：被告人胡某强、杨某强的户籍证明、任职文件、营业执照副本复印件、开户许可证、诉讼代表人授权委托书、情况说明、到案经过、涉嫌犯罪案件移送书、立案决定书、环境违法案件调查报告、调查询问笔录、责令改正违法行为决定书、送达回证、《环境影响报告书》、环评报告评估意见和初审意见、贵阳市环境保护局筑环审〔2017〕42 号环评批复文件、贵阳市生态环境局出具的复函、建设项目竣工环境保护验收备案表、办案情况说明、山东金德机电科技有限公司出具的情况说明、工程承包合同、修文县环保局出具的情况说明、回复、危险废物处置协议、烟气排放连续监测日平均值月报表、环境监测现场检查笔录、情况说明及协议、申请、某瓷业公司植树造林项目实施方案、施工合同书、收据、照片、林业站出具的验收说明、现场照片、煤气站酚氰水、煤焦油运行日记账、认罪认罚具结书、证人张某等人的证词、被告人胡某强等人的供述、贵州省分析测试研究院司法鉴定中心出具的黔测试司鉴中心〔2018〕微检字第54号司法鉴定意见书及鉴定单位、鉴定人的资质证书、调取证据清单、辨认现场笔录及照片、人身检查笔录。被告单位某瓷业公司及辩护人黄某向本院提交了环评报告、环评评估意见、初审意见、环评批复文件、某公司环境问题办理情况展板、广东省佛山市陶瓷行业煤焦油及酚水循环利用的宣传报道、修文县工信局、久长镇人民政府出具的情况说明、久长镇林业站出具的造林验收情况说明、危险废物处置协议等证据材料。

（四）判案理由

贵州省清镇市人民法院环境资源审判庭认为：关于被告单位某瓷业公司的辩护人黄某所提的无罪辩护意见，经查，煤气生产过程中煤气冷凝产生的煤焦油已于2016年8月列入国家危险废物名录，废物代码为450－003－11，国家对危险废物的处置实行严格管理制度，产生危险废物的单位必须按照国家的有关规定处置危险废物，被告单位某瓷业公司高档建筑陶瓷生产线建设项目环评报告及贵阳市环境保护局的环评批复文件中均要求该公司将营运期酚氰污水和焦油收集沉淀物、设备检修废机油等危险废物交由具有危险废物经营许可证的单位进行处置，被告单位未取得危险废物经营许可证，亦未取得处置危险废物的行政许可，即自行焚烧在生产过程中产生的危险废物煤焦油，且该单位烟气排放连续监测日平均值月报表显示在焚烧煤焦油期间偶有超标排放氮氧化物、二氧化硫、烟尘等污染物，应当认定为“非法处置危险废物”，被告单位共计焚烧煤焦油1268.4吨，其行为已构成污染环境罪，公诉机关的指控事实清楚，并与书证、证人证言、鉴定意见以及被告人胡某强、杨某强的供述相互印证吻合，故对该辩护意见本院不予采纳；公诉机关认定及被告人胡某强、杨某强的辩护人所提二被告人有自首情节的辩护意见，经查，二被告人均系被侦查机关传唤到案后接受调查，虽如实供述其犯罪事实，但缺乏归案的主动性，不应当认定为自首，故对此部分辩护意见本院不予采纳，其余所提罪轻辩护意见经查属实，本院予以采纳。

环境资源是重要的公共资源而应受到严格的保护，任何单位和个人均应按照国家的规定排放、倾倒或者处置危险废物等有毒有害物质，以免对环境造成污染，从而维护全社会共同生存的环境。被告单位某瓷业公司为降低生产成本，在生产经营过程中自行焚烧处置危险废物煤焦油1268.4吨，其行为已构成污染环境罪，且后果特别严重；被告人胡某强系某瓷业公司法定代表人，对公司运营管理起决策作用，是直接负责的主管人员，被告人杨某强系某瓷业公司生产部原料车间主任，具体实施焚烧煤焦油的行为，是其他直接责任人员，二被告人应对被告单位某瓷业公司的犯罪行为承担相应刑事责任。公诉机关指控被告单位某瓷业公司及被告人胡某强、杨某强犯污染环境罪的罪名成立，本院予以确认。在本案的共同犯罪中，被告人杨某强起次要和辅助作用，是从犯，依法应当从轻或减轻处罚。鉴于被告单位某瓷业公司在非法处置危险废物的过程中未对生态环境造成较大损害，且在案发后积极出资在生产运营地区植树造林以减轻其犯罪后果，加之其系有较强社会责任感的民营企业，故可酌情从轻处罚；被告人胡某强、杨某强归案后均能如实供述，自愿认罪认罚，均可依法从轻处罚；被告人杨某强系从犯，依法应当从轻或减轻处罚，结合本案其犯罪情节，本院决定对其减轻处罚；被告人胡某强、杨某强均系初犯，亦无再犯罪的危险，宣告缓刑对其所居住的社区没有重大不良影响，故本院决定对二被告人适用缓刑。公诉机关所提对二被告人适用缓刑的量刑建议适当，本院予以采纳。

（五）定案结论

贵州省清镇市人民法院环境资源审判庭依照《中华人民共和国刑法》第三百三十八条、第三百六十四条、第二十五条第一款、第二十七条、第六十七条第三款、第七十二条，《中华人民共和国刑事诉讼法》第十五条以及《最高人民法院、最高人民检察院关于办理环境污染刑事案件适用法律若干问题的解释》第三条第（二）项、第六条第一款、第十六条之规定，作出如下判决：

一、被告单位贵州省某瓷业有限公司犯污染环境罪，判处罚金人民币200000元（限判决生效后立即缴纳）；

二、被告人胡某强犯污染环境罪，判处有期徒刑三年，缓刑三年，并处罚金人民币30000元（限判决生效后立即缴纳）。缓刑考验期从本判决确定之日起计算；

三、被告人杨某强犯污染环境罪，判处有期徒刑二年，缓刑二年，并处罚金人民币20000元（限判决生效后立即缴纳）。缓刑考验期从本判决确定之日起计算。

（六）解说

“非法处置危险废物”的认定问题，煤气生产过程中煤气冷凝产生的煤焦油已列入国家危险废物名录，产生危险废物的单位必须按照国家的有关规定处置危险废物，被告单位高档建筑陶瓷生产线建设项目环评报告及贵阳市环境保护局的环评批复文件中均要求该公司将营运期酚氰污水和焦油收集沉淀物、设备检修废机油等危险废物交由具有危险废物经营许可证的单位进行处置，被告单位未取得危险废物经营许可证，亦未取得处置危险废物的行政许可，即自行焚烧在生产过程中产生的危险废物煤焦油，且该单位烟气排放连续监测日平均值月报表显示在焚烧煤焦油期间偶有超标排放氮氧化物、二氧化硫、烟尘等污染物，应当认定为非法处置危险废物的行为。鉴于被告单位在非法处置危险废物的过程中未对生态环境造成较大损害，且积极承担企业社会责任，案发后出资在生产运营地区植树造林以减轻其犯罪后果，二被告人均自愿认罪认罚，故对其从轻处罚。

本案环保行政机关在批复被告单位环评文件时要求营运期酚氰污水和焦油收集沉淀物、

设备检修废机油等危险废物应交由具有危险废物经营许可证的单位进行处置，该批复把酚氰污水和焦油等危险废物处置与被告单位的生产割裂开来，未考虑企业生产经营的实际情况和生产技术的革新情况。四川等地以及陶瓷行业的习惯做法均是将生产过程中产生的煤焦油和酚水一起焚烧处理，循环再利用不外排，被告单位也采用循环利用生产系统，安装“两段式净化煤气发生炉设备系统”，煤气发生炉生产煤气过程中所产生的焦油副产品的收集、输送、燃烧及再循环利用均处于封闭状态，公司链排炉出口进行环保监测，最终实现达标排放，被告单位烟气排放连续监测日平均值月报表显示在焚烧煤焦油期间偶有超标排放氮氧化物等污染物，从企业生产节能、高效以及行业习惯做法的角度考虑，环保行政机关在审查环评批复时建议将类似的循环再利用方式予以考虑，及时对相关企业有效可行的危险废物处置方式进行行政许可，促使企业投入资金进行生产技术的研发和更新，以减小生产过程中产生的危险废物等对生态环境造成的损害。

编写人：贵州省清镇市人民法院　刘海英　苏桂兰

第二章　环境行政案件

15

某某县人民检察院与某某县林业局不履行林业管理监督法定职责案

（林业主管部门履行“责令补种”法定职责时，应当出具具有可操作性和可执行性的补种方案）

（一）首部

1. 裁判文书字号

重庆市万州区人民法院（2019）渝0101行初178号行政判决书

2. 案由：不履行林业管理监督法定职责。

3. 诉讼双方

公益诉讼起诉人：某某县人民检察院。

被告：某某县林业局，地址某县某街道。

法定代表人：张某某，局长。

委托诉讼代理人：刘某某，林业资源保护科科长。

委托诉讼代理人：沈某某，重庆某律师事务所律师。

第三人：陈某某，男，农民，住重庆市某县某乡。

4. 审级：一审。

5. 审判机关和审判组织

审判机关：重庆市万州区人民法院。

合议庭组成人员：审判长，冯纲；审判员，周锦海、黄华；人民陪审员，熊道富、贺永琼、陈清莲、易良刚。

6. 审结时间：2020年9月15日。

（二）诉辩主张

1. 公益诉讼起诉人诉称

第三人陈某某因在某某县某某乡某某村7组的自留山上滥伐马尾松110株，活立木蓄积为13.434立方米，已被司法机关依法追究刑事责任。某某县林业局作为负有法定监管职责的林业主管部门，有义务责令行为人补种相应数量的树木。某某县检察院于2018年10月9日向某某县林业局发出检察建议书，建议对陈某某的违法行为依法履职。2018年12月4日，某某县林业局虽有书面回复，但并未责令陈某某补种相应的树木，存在怠于履行法定职责的不作为行为，致使国家森林资源不能得到有效修复，社会公共利益仍处于持续受侵害状态。故根据《中华人民共和国行政诉讼法》第二十五条第四款、第四十九条及《最高人民法院、最高人民检察院关于检察公益诉讼案件适用法律若干问题的解释》第二十一条的规定，请求判决某某县林业局全面履行法定职责，依法责令陈某某补种树木，并按照国家有关规定进行验收。

2. 被告辩称

被告已依法严厉打击破坏森林资源的行为，发现陈某某等人的滥伐林木行为已构成犯罪后，及时移交森林公安立案调查，陈某某等人已受到刑事处罚；被告积极恢复被破坏的生态资源，使社会公共利益免受侵害，已经在某某县某某乡某某村9社小地名“某某坪”集中规划植被恢复和统筹森林工程，该工程已经完工并验收合格，共栽植大树10000余株，远超过法律规定的补植数量（陈某某等人按规定应补植6685株），使破坏的森林资源得到有效恢复；被告高度重视检察建议书，积极要求违法人员继续补植树木或缴纳补植费用。2018年10月9日被告收到检察建议书，已于2018年12月4日予以书面复函。2019年11月22日被告收到起诉书副本后，于2019年11月27日向陈某某发出通知（某某林发〔2019〕91号），该通知同时抄送某某乡政府，要求政府协助通知并督促陈某某完成补植。被告认为其对陈某某滥伐林木造成森林资源被破坏的行为已积极履职，毫无怠慢行为，被破坏的森林资源及时得到了有效的修复，未损害社会公共利益。综上，公益诉讼起诉人的诉讼请求无事实依据，请求法院驳回其诉讼请求。

3. 第三人述称

愿意种植树木。

（三）事实和证据

重庆市万州区人民法院经公开审理查明：某某县林业局是县级地方人民政府林业主管部门，负责某某县森林资源的保护、利用、更新，实行管理和监督。

第三人陈某某于2017年农历二月初，在未取得林木采伐许可证的情况下砍伐其自留山上的马尾松110株，活立木蓄积为13.434立方米。本院于2017年10月12日以被告人陈某某犯滥伐林木罪，判处有期徒刑六个月，缓刑一年，并处罚金人民币4000元；对滥伐林木13.434立方米，予以追缴，上缴国库，该判决已经发生法律效力。某某县检察院于2018年10月9日向某某县林业局发出检察建议书，建议某某县林业局在收到检察建议书后两个月内对陈某某的违法行为依法履职。某某县林业局于2018年12月4日作出《重庆市某某县林业局关于对某某县人民检察院建议书建议落实情况的复函》，回复认为陈某某违法行为所损害的林木已经由某某县林业局通过某某县某某乡“某某坪”绿化美化工程项目进行了补植，其已依法履职。但某某县林业局并未在规定时间内责令陈某某补种树木，2019年11月15日，某某县检察院向本院提起诉讼。2019年11月27日，被告某某县林业局作出《关于限期补种树木的通知》，限定陈某某“于2019年12月31日前，自行落实地块开展补种树木，补种结束后书面申请我局派员进行检查验收；对自行补种有困难的，可以缴纳代为补种费用（据实核算数据为准），由我局组织代为补种。”该通知未有效送达给陈某某本人。

另查明，某某县林业局在某某县某某乡“某某坪”的绿化项目，系根据某某乡总体布局，拟打造“某某坪”为乡村旅游示范点而做，于2018年4月3日启动，2018年12月20日全面完工。建设及设计单位为某某县林业局，施工单位为重庆某某建筑工程有限公司，由重庆市某某林业规划设计有限公司负责项目监理，该项目并未包含陈某某等人补植或者某某县林业局代为履行的内容。

上述事实有下列证据证明：

公益诉讼起诉人举示的证据：1. 立案决定书、检察建议书及送达回证、某某县林业局关于对某某县人民检察院建议书建议落实情况的复函及附件；2. 某某县林业局的统一社会信用代码证书、法定代表人张某某的户口证明；3. 重庆市万州区人民法院（2017）渝0101刑初930号刑事判决书、关于某某乡某某村7社（小地名：上脊骨梁子）被砍伐林木现场勘查情况报告、陈某某的询问笔录（2019.10.13及2019.11.15）、陈某某的讯问笔录（2017.7.5）、邱某某的询问笔录（2017.7.5）；4. 中共某某县委办公室、某某县人民政府办公室关于印发《某某县林业局职能配置、内设机构和人员编制规定》的通知、重庆市林业局关于滥伐林木案件有关问题的复函、熊某某的询问笔录（2019.11.7）、谭某某的询问笔录（2019.11.11）；5. 陈某某的林权证、某某县某某乡“某某坪”绿化美化作业设计、工程监理工作报告、工程验收单、熊某某的询问笔录（2019.11.7）、周某某的询问笔录（2019.10.23）、陈某某的询问笔录、某某县林业局关于某某县检察院检察建议书落实情况的说明。

被告举示的证据：1. 重庆市某某县建设工程中标通知书、建设工程施工合同；2. 某某县林业局关于某某县某某乡“某某坪”绿化美化招标最高限价审查的函、某某县林业局关于对《某某县某某乡“某某坪”绿化美化作业设计》的审查意见；3. 某某县某某乡“某某坪”

绿化美化工程验收单；4. 某某县林业局关于对某某县人民检察院建议书建议落实情况的复函及附件；5. 某某县林业局关于限期补种树木的通知。

（四）判案理由

重庆市万州区人民法院经审理认为：良好的生态环境是最普惠的民生福祉，绿水青山需要司法保护，应当坚持损害担责、生态修复原则。

某某县检察院在履职过程中发现某某县林业局对陈某某滥伐林木的行为未依法全面履职，发出检察建议督促某某县林业局限期依法履职后，某某县林业局逾期未履行法定职责，致使社会公共利益仍处于受侵害的状态。据此，某某县检察院提起行政公益诉讼，符合《中华人民共和国行政诉讼法》第二十五条第四款、第四十九条及《最高人民法院、最高人民检察院关于检察公益诉讼案件适用法律若干问题的解释》第二十一条的规定行政公益诉讼的起诉条件。本案主要争议焦点为：第三人陈某某承担刑事责任后某某县林业局是否应当履行《中华人民共和国森林法》（以下简称《森林法》）第三十九条的法定职责。

对此，重庆市万州区人民法院认为：第一，第三人承担刑事责任后林业行政主管部门依法履职，符合刑事责任与行政责任可以有条件并存的法律责任理论。刑事责任和行政责任同属公法上的责任，两者责任内容存在差异，承担刑事责任的方式表现为刑法设定的各种刑罚种类，而承担行政责任的方式表现为行政法设定的行政处罚种类和其他行政责任，当两者内容竞合时，刑事责任吸收行政责任。当两者内容不一致时，刑事责任与行政责任分别适用。因此，追究违法行为人的刑事责任并不能当然免除其行政法上的义务，除非现行法律已有明文规定或两种责任所产生的法律效果相同。第二，第三人承担刑事责任后林业行政主管部门依法履职符合《森林法》的立法精神。《森林法》第十条、第十三条从总体上赋予了林业主管部门对森林资源的保护、利用、更新实行管理和监督的职权，第三十九条又具体规定了林业主管部门对滥伐林木的行为人负有“责令补种树木，并处罚款”“移送追究刑事责任”的法定职责，前述“责令补种树木，并处罚款”“移送追究刑事责任”的履职要求，体现了国家打击破坏森林资源的违法行为与修复森林资源及生态环境并重并行的立法精神。第三，第三人承担刑事责任后林业行政主管部门依法履职符合《森林法》第三十九条的具体内容。《森林法》第三十九条第二款及第四款包含对违法行为人法律责任和行政机关法定职责的双重规定。对违法行为人而言，依法补种规定数量的树木是其应当承担的一项行政法上的义务，该项义务法定且具有强制性，违法行为人不能选择适用，也不能因非法律规定的事由而免除；对林业主管部门而言，“责令补种树木，并处罚款”“移送追究刑事责任”是林业主管部门依法必须作为的法定职责，其对应的是行为人应当承担的行政责任和刑事责任。这里确定的刑事责任内容与行政责任内容并非同一，刑事处罚包含主刑和附加刑以及追缴违法所得等内容，但不具有“责令补种树木”的生态修复内容。因此，行政责任修复森林资源不能以刑事责任替代，只能由行政权能独立适用。第四，第三人承担刑事责任后林业行政主管部门依法履职不违背《森林法》第三十九条第二款规定的行政行为属性。《森林法》第三十九条第二款规定的行政行为属性表现为行政处罚性质。其中“处滥伐林木价值二倍以上五倍以下的罚款”的规定明显具有制裁性和惩罚性，与滥伐林木刑事责任中罚金的法律效果相同，在具体适用时应当依法予以折抵。而“责令补种滥伐株数五倍的树木”属于法律设定的一种行政处罚，但其法律效果更侧重于森林资源恢复性。如果以刑事处罚吸收该恢复内容，显然与前述《森林法》立法精神相悖，亦不符合刑事责任与行政责任可以有条件并存的法律原则，更不符合绿水青山、生态修复的环境治理价值取向。

另，本案审理过程中，被告某某县林业局当庭表示，愿意依照法院判决执行，表明其保护林业生态资源尽职履责之态度。但如何全面履责，有效履责，切实发挥行政职能，绝非一纸行政通知书简单行事。诚如被告“某某林发〔2019〕91 号限期补种树木的通知”，并不具备行政强制的具体履行方案、方式、标准或者代履行的补种要素，亦无从得知项目验收的具体标准。面对该通知书，行政相对人在不明确地块位置、地块面积、苗木种类、苗木规格、种植要求、验收标准等情况下，无法实施具体补种树木行为。其行政目的自然无法实现，行政决定亦成一纸空文。为此，某某县林业局在依法履行责令补种树木职责的同时，应当充分发挥林业主管部门专业优势，按照行政强制要求，就责令第三人补种的地块位置、树种、苗木规格、补种时间、栽种方式、管护方法等制作具有可操作、可执行的作业方案，切实实现行政执法目的。

（五）定案结论

重庆市万州区人民法院依照《中华人民共和国行政诉讼法》第七十二条，《最高人民法院、最高人民检察院关于检察公益诉讼案件适用法律若干问题的解释》第二十五条第一款第（三）项之规定，判决如下：

被告某某县林业局于本判决生效之日起 60 日内，作出责令第三人陈某某补种树木的行政决定，如陈某某拒不补种树木或者补种不符合国家有关规定，依法组织代为履行，并按规定完成检查验收。

（六）解说

本案系涉及破坏森林资源后恢复植被的林业环境行政公益诉讼案件，是人民法院打击破坏生态环境和资源保护违法行为、维护社会公共利益、督促依法行政的有效实践。该案审理，人民法院就林业行政机关如何具体有效实现补种树木的行政目的作出了司法判定，确定林业行政机关履行《森林法》规定的责令补种树木这一法定职责时，不能仅以书面通知或者决定简单了事，作出责令补种树木的行政决定时，应当考虑责令补种的地块位置、树种、苗木规格、补种时间、栽种方式、管护方法等综合因素，因地制宜地制作具有可操作、可执行的作业方案，以确保责令补种的决定能够完全、及时、正确地得到落实，让补种树木切实达到恢复林木资源、修复生态环境的效果。该案是人民法院发挥司法职能监督行政机关切实依法行政的生动实践，据此推进行政执法效能的提升。

编写人：重庆市万州区人民法院　冯纲　周锦海

16

某县某发电站与某区环境行政执法支队行政处罚案

（配套建设的环境保护设施未经验收的
情况下擅自投入生产的行为系违法）

（一）首部

1. 裁判文书字号

重庆市万州区人民法院（2018）渝0101行初122号行政判决书

2. 案由：行政处罚。

3. 诉讼双方

原告：某县某发电站，住所地重庆市某区。

负责人：李某某，执行合伙人。

委托诉讼代理人：牟某某，重庆某律师事务所律师。

被告：重庆市某区环境行政执法支队，住所地某区某大道。

法定代表人：柳某某，支队长。

委托诉讼代理人：李某、张某，重庆某律师事务所律师。

被告：重庆市某区环境保护局，住所地某区。

法定代表人：李某某，局长。

委托诉讼代理人：李某、张某，重庆某律师事务所律师。

4. 审级：一审。

5. 审判机关和审判组织

审判机关：重庆市万州区人民法院。

合议庭组成人员：审判长，冯纲；人民陪审员，冯小玲、何万斌。

6. 审结时间：2019年2月28日。

（二）诉辩主张

1. 原告诉称

原告于1984年通过有偿转让获得诉争水电站所有权和经营权，于2015年提出环评申请，因第三人某水务局和某区人民政府未对某河流域进行总体环境保护评估规划，而未能获得受理。原告经营的水电站不属新建，属于免予环境评价的项目，经第三人某水务局验收通过后经营，未对周边环境造成任何破坏和污染。故被告的处罚没有事实和法律依据，请求判决撤销重庆市某区环境行政执法支队作出的某环执罚〔2018〕018号行政处罚决定书。

另提出，被告作出某环执改〔2018〕018号责令改正违法行为决定书，因主要领导审批时间在作出决定时间之后，程序违法；原告未编制环境影响评价报告，是由于第三人未做流域环境影响评价规划造成的法律后果；原告水电站不属于扩建、改建的建设行为，而是增效扩容对电站设备的技术改造行为；原告水电站因总装机容量不足1000kW，依法免予编制环境影响评价报告的法律责任；原告未编制环境影响评价报告的行为，已经超过法定处罚时间，依法不予处罚。

2. 被告重庆市某区环境行政执法支队辩称

被告认定原告的环境违法行为事实清楚，证据充分。作出的某环执罚〔2018〕018号行政处罚决定书适用法律正确，程序合法；原告称2015年提出环评申请，因第三人某水务局和某区人民政府未对某河流域进行总体环境保护评估规划，而未能获得受理。因原告未取得合法手续而擅自生产，其行为严重违反法律法规；原告称水电站经第三人某水务局验收通过后合法经营，但投入运营前未组织开展建设项目环境影响评价，且配套建设的环保设施未经验收。因此请求驳回原告诉讼请求，维持原行政处罚决定。

3. 被告重庆市某区环境保护局辩称

被告作出的《行政复议决定书》认定原告违法事实清楚、证据确实充分，适用法律正确，程序合法，请求驳回原告诉讼请求，维持原行政处罚决定。

（三）事实和证据

重庆市万州区人民法院经公开审理查明：

被告重庆市某区环境行政执法支队于2018年6月19日作出的某环执罚〔2018〕018号行政处罚决定书，认定原告2013年2月实施的总装机容量为1020kW水力发电技改项目于2013年11月竣工，在其配套建设的环境保护设施未经验收的情况下，擅自投入生产。其行为违反《建设项目环境保护管理条例》第十九条第一款的规定，即“编制环境影响报告书、环境影响报告表的建设项目，其配套建设的环境保护设施经验收合格，方可投入生产或者使用；未经验收或者验收不合格，不得投入生产或者使用”。认定原告已构成其配套建设的环境保护设施未经验收的情况下，擅自投入生产的环境违法行为。

原告某县某发电站 2013 年 2 月实施技改项目的总装机容量为 950kW，供电合同载明为 1020kW。

上述事实有下列证据证明：

原告提交的证据：

1. 机组产品定做合同；

2. 重庆市某区财政局某水务〔2017〕185 号文件；

3. 重庆市水利局 2017 年 12 月关于中央环保督查生态流域电站公示等。

被告某区环境行政执法支队和重庆市某区环境保护局提交的证据、依据：

1. 主体资格证据：（1）事业单位法人证书（副本）；（2）法定代表人身份证复印件。

2. 被诉行政行为事实证据：（1）重庆市某区环境行政执法支队现场检查（勘察）笔录；（2）重庆市某区环境行政执法支队视听资料制作说明及光盘（拍摄时间：2018 年 4 月 26 日）；（3）重庆市某区环境行政执法支队调查询问笔录；（4）李某某身份证复印件；（5）环境执法人员李某、胡某执法证复印件；（6）某县某发电站营业执照复印件；（7）取水许可证（4 张）；（8）某一级电站记录表；（9）购售电合同（文号：某电交易合〔2017〕第 14 号）；（10）购售电合同（2017 年补充协议，某电交易合〔2017〕第 81 号）；（11）国网重庆市电力公司某区供电分公司购电结费通知单（4 张）；（12）被答辩人某县某发电站陈述书；（13）重庆市某区环境行政执法支队立案审批表；（14）重庆市某区环境行政执法支队案件调查报告；（15）重庆市某区环境行政执法支队责令改正决定书内部审批表；（16）重庆市某区环境行政执法支队责令改正违法行为决定书（文号：某环执改〔2018〕018 号）；（17）重庆市某区环境行政执法支队执法文书送达回证（送达文书：《责令改正违法行为决定书》）；（18）重庆市某区环境行政执法支队行政处罚事先（听证）告知书内部审批表；（19）重庆市某区环境行政执法支队行政处罚事先（听证）告知书（文号：某环执罚告〔2018〕018 号）；（20）重庆市某区环境行政执法支队送达回证［送达文书：行政处罚事先（听证）告知书］；（21）重庆市某区环境行政执法支队案件集体讨论笔录；（22）重庆市某区环境行政执法支队行政处罚决定书内部审批表；（23）重庆市某区环境行政执法支队行政处罚决定书（文号：某环执罚〔2018〕018 号）；（24）EMS 邮件查询信息；（25）重庆市某区环境行政执法支队执法文书送达回证（送达文书：《行政处罚决定书》）；（26）行政复议申请书；（27）负责人身份证明；（28）授权委托书；（29）重庆市某区环境保护局公文处理单；（30）《重庆市某区环境保护局提出答复通知书》；（31）行政复议答复书；（32）重庆市某区环境保护局行政复议决定书。

3. 法律依据：（1）《建设项目环境保护管理条例》第十九条第一款；（2）《建设项目环境保护管理条例》第二十三条第一款；（3）《建设项目环境影响评价分类管理名录》；（4）关于加强“未批先建”建设项目环境影响评价管理工作的通知（文号：环办环评〔2018〕18号）；（5）关于建设项目“未批先建”违法行为法律适用问题的意见（文号：环政法函〔2018〕31号）；（6）重庆市环保局渝环办〔2019〕16号复函；（7）重庆市建设项目环境保护批准书：渝开环准〔2009〕58号、渝开环准〔2013〕098号。

（四）判案理由

重庆市万州区人民法院经公开审理认为：

原告起诉认为某水务局和某区人民政府应为本案第三人。因本案诉争行政行为是被告对原告违反《建设项目环境保护管理条例》第十九条第一款规定的处罚，即建设项目未依法组织环境影响评价，其配套建设的环境保护设施未经验收的情况下，擅自投入生产。在这一被诉行政行为中，法律上并不关系某水务局和某区人民政府是否对某河流域进行总体环境保护评估规划，本案处理结果也与某水务局和某区人民政府无利害关系，且原告对状告的第三人也并无具体的诉讼请求。因此，某水务局和某区人民政府不应作为本案第三人参加诉讼。

本案被告重庆市某区环境行政执法支队按照《建设项目环境保护管理条例》第十九条第一款、第二十三条第一款的规定，作出处罚决定。其关键是认定原告2013年2月实施技改项目，其配套建设的环境保护设施未经验收，即擅自投入生产。因此，原告水电站建设项目是否属于“需要配套建设环境保护设施”的建设项目，重庆市万州区人民法院的司法审查观点如下：

（1）本案水电站建设项目依法应当编制环境报告表。《中华人民共和国环境影响评价法》第十六条规定，国家根据建设项目对环境的影响程度，对建设项目的环境影响评价实行分类管理，建设单位应当按照下列规定组织编制环境影响报告书、环境影响报告表或者填写环境影响登记表：（一）可能造成重大环境影响的，应当编制环境报告书，对产生的环境影响进行全面评价；（二）可能造成轻度环境影响的，应当编制环境报告表，对产生的环境影响进行分析或者专项评价；（三）对环境影响很小、不需要进行环境影响评价的，应当填报环境影响登记表。依照《建设项目环境影响分类管理名目》第（八十九）项，总装机1000kW及以上、抽水蓄能电站、涉及环境敏感区的水力发电项目，应当编制环境报告书；其他水力发电项目，应当编制环境报告表。原告2013年2月实施的总装机容量为950kW水力发电技改项目，未按规定组织编制环境影响报告表，违反法律规定。

（2）本案水电站建设项目应当配套建设环境保护设施。依照《建设项目竣工环境保护验收暂行办法》（国环规环评〔2017〕4号）第四条规定，环境保护设施是指防治环境污染和生态破坏以及开展环境监测所需的装置、设备和工程设施等。对环境有轻度和较大影响的建设项目，一般应当配套建设环境保护设施。对此，国家环境保护总局环函〔2003〕174 号答复意见表明，对未报批建设项目环境影响评价文件却已经投入生产建设项目，原则上按照《建设项目环境保护管理条例》第二十八条处理。实践中，某区总装机容量 1000kW 以下的水电站项目，其建设项目环境保护批准书亦明确了应当配套建设水污染防治、生态保护、大气污染防治等环境保护设施。

（3）认定原告水电站建设项目属于“需要配套建设环境保护设施”的建设项目作出行政处罚，符合法律规定。《中华人民共和国环境影响评价法》第二十五条规定，建设项目的环境影响文件未依法经审批部门审查或者审查后未予批准的，建设单位不得开工建设。《建设项目环境保护管理条例》第十五条规定，建设项目需要配套建设的环境保护设施，必须与主体工程同时设计、同时施工、同时投产使用（“三同时”规定）。第十九条第一款规定，编制环境影响报告书、环境影响报告表的建设项目，其配套建设的环境保护设施经验收合格，方可投入生产或者使用；未经验收或者验收不合格，不得投入生产或者使用。原告 2013 年 2 月实施的总装机容量为 950kW 的水力发电技改项目，应当依法编制环境影响报告表，并在其配套建设的环境保护设施同时建成且通过验收的情况下，方能投入生产。但是，原告未按规定组织编制环境影响报告表，亦未就水污染防治、生态保护、大气污染防治、噪声污染防治以及固废处置等环境影响问题提出环境保护措施，且在其配套建设的环境保护设施未建成或者未经验收的情况下，擅自投入生产，其行为违反上述法律法规规定。同时，《建设项目环境保护管理条例》第二十三条第一款规定，违反本条例规定，需要配套建设的环境保护设施未建成、未经验收或者验收不合格，建设项目即投入生产或者使用，或者在环境保护设施验收中弄虚作假的，由县级以上环境保护行政主管部门责令限期改正，处 20 万元以上 100 万元以下的罚款；逾期不改正的，处 100 万元以上 200 万元以下的罚款；对直接负责的主管人员和其他责任人员，处 5 万元以上 20 万元以下的罚款；造成重大环境污染或者生态破坏的，责令停止生产或者使用，或者报经有批准权的人民政府批准，责令关闭。被告重庆市某区环境行政执法支队依据《建设项目环境保护管理条例》第二十三条第一款规定，对原告环境违法行为作出罚款人民币 20 万元的行政处罚决定符合法律规定。

重庆市万州区人民法院对原、被告诉辩观点评析如下：

原告诉讼代理人提出：1. 被告作出某环执改〔2018〕018 号责令改正违法行为决定书，因主要领导审批时间在作出决定时间之后，程序违法。本院认为，此系内部工作流程问题而非违反法定程序。2. 原告未编制环境影响评价报告，是因为第三人未做流域环境影响评价规划造成的法律后果。本院认为，编制环境影响评价报告是原告依法应当履行的义务，不管第三人的流域环境影响评价规划形成与否，原告在未编制环境影响报告表的情况下，就不得擅自投入生产和使用。3. 原告水电站不属于扩建、改建的建设行为，而是增效扩容对电站设备的技术改造行为。依据《建设项目环境保护管理条例》第五条规定，改建、扩建项目和技术改造项目必须采取措施，治理与该项目有关的原有环境污染和生态破坏。由此说明，原告对其水电站的增效扩容技术改造仍然属于应当采取环境治理措施的建设项目。4. 原告水电站因总装机容量不足1000kW，依法免予编制环境影响评价报告的法律责任。本案证据能够证明原告水电站总装机容量为950kW，依照《建设项目环境影响分类管理名目》第（八十九）项，总装机1000kW及以上、抽水蓄能电站、涉及环境敏感区的水力发电项目，应当编制环境报告书；其他水力发电项目，应当编制环境报告表。原告水电站总装机容量虽不足1000kW，但也应当编制环境报告表。5. 原告未编制环境影响评价报告的行为，已经超过法定处罚时间，依法不予处罚。本案并非处罚的原告未编制环境影响评价报告的行为，而是处罚的原告违反“三同时”规定，因其违法行为处于继续和持续状态，未超过法定处罚期限。综上，原告主张不能成立，不予采纳。

综上，被告重庆市某区环境行政执法支队认定原告的环境违法行为事实清楚，证据充分，作出的某环执罚〔2018〕018号行政处罚决定书适用法律正确、程序合法。对原告违反环境保护“三同时”制度的处罚彰显生态正义，应予支持。原告请求撤销的理由不成立，不予采纳。

（五）定案结论

重庆市万州区人民法院依照《中华人民共和国行政诉讼法》第六十九条之规定，作出如下判决：

驳回原告某县某发电站要求撤销某环执罚〔2018〕018号行政处罚决定书的诉讼请求。

（六）解说

当前，公众的环保意识和维权意识日益增强，包括环境行政诉讼在内的环境纠纷与日俱增。本案作为一起环境保护领域中的“尚民告官”案件，涉及因第三人相关原因导致的环境违法行为是否应由原告担责的问题，涉案电站项目是否应当建设配套环保设施以及本案的诉讼时效问题。首先，原告不应以某区水务局及某区人民政府未对某河流域作总体环评规划，作为其未进行环评即擅自开工的理由。原告未进行环评，环保设施未经验收擅自生产的行为，不关联某区水务局及某区人民政府，更与该二主体无利害关系。其次，虽然原告经营的水电站不属于新建，但因其可能对环境造成轻度影响，仍应当编制环境报告表，对环境影响进行分析或专题评价。同时，根据《中华人民共和国环境影响评价法》第十九条第一款规定，编制环境影响报告表的建设项目，其配套建设的环保设施经验收合格，方可投入生产或者使用。故本案所涉项目应当建设环境保护设施，并经验收合格。最后，仅从时间上看，本案原告未依法进行环评的时间虽然已经超过诉讼期限，但原告违反了“三同时”规定，因其处于继续和持续状态，尚未超过法定的处罚期限，故被告重庆市某区环境行政执法支队作出的行政行为事实清楚、证据充分、适用法律正确，法院予以支持，依法驳回原告的诉讼请求。

通过本案，可见司法是维护公平正义的最后一道防线，更有监督和支持行政机关依法行政两种法律功效。当行政机关不当行政时，司法救济是维护权利的重要途径，更有助于通过司法手段督促行政机关依法行政。而当行政行为符合法律规定时，通过司法手段确认行政行为合法，驳回原告不当诉讼请求，从而又为行政机关依法行政提供坚实后盾。

编写人：重庆市万州区人民法院　冯纲　管君茹

17

林某与重庆市某区生态环境局等行政行为违法案

（劝告性的助成指导行为不具有行政法上的强制力，不可诉）

（一）首部

1. 裁判文书字号

重庆市万州区人民法院（2019）渝0101行初120号行政裁定书

2. 案由：行政行为违法。

3. 诉讼双方

原告：林某，男，住重庆市某区。

被告：重庆市某区生态环境局。

法定代表人：姜某，局长。

委托诉讼代理人：柳某某，执法支队支队长。

委托诉讼代理人：雷某某，重庆某律师事务所律师。

被告：重庆市某区林业局。

法定代表人：肖某某，局长。

委托诉讼代理人：张某某，副局长。

委托诉讼代理人：谭某某，重庆某律师事务所律师。

被告：重庆市某区水利局。

法定代表人：杨某某，局长。

委托诉讼代理人：邓某某，政策法规科科长。

委托诉讼代理人：李某某，重庆某律师事务所律师。

被告：重庆市某区规划和自然资源局。

法定代表人：郑某某，局长。

委托代理人：黄某某，该局职工。

委托诉讼代理人：颜某某，重庆某律师事务所律师。

被告：重庆市某区农业农村委员会。

法定代表人：扈某某，主任。

委托诉讼代理人：谭某某，法规科科长。

委托诉讼代理人：唐某某，重庆某律师事务所律师。

被告：重庆市某区某镇人民政府。

法定代表人：陈某某，镇长。

委托诉讼代理人：梁某某，副镇长。

委托诉讼代理人：程某某，重庆某律师事务所律师。

第三人：蒋某某，男，住重庆市某区。

4. 审级：一审。

5. 审判机关和审判组织

审判机关：重庆市万州区人民法院。

合议庭组成人员：审判长，王翔；人民陪审员，魏常锣、刘纯科。

6. 审结时间：2019 年 12 月 26 日。

（二）诉辩主张

1. 原告诉称

2019 年 5 月 9 日，六被告共同作出《关于限期完成违法违规建设破坏生态环境问题整改的通知》（以下简称《该通知》），原告认为，首先，《该通知》将原告作为行政相对人系主体错误。原告与第三人签订土地流转合同，涉案水库系原告建设，第三人无权拆除。其次，《该通知》剥夺了行政相对人陈述、申诉权利，未告知权利救济途径，违反法定程序。最后，无具体法律适用，实体公正无从保障。请求人民法院确认六被告共同作出的《该通知》行政行为违法。

2. 被告辩称

被告的相关职能部门发现违法违规建设事实后，经过查询得知，土地承包经营权人系第三人蒋某某，遂向第三人发出通知，由于原告和第三人的土地流转行为未及时备案登记，由此造成的相关法律责任应由原告自行承担，而原告并非该通知的行政相对人，因此不具有原告主体资格。原告所诉讼的《该通知》，不是行政处罚行为，而是过程性、阶段性的行政行为，不产生实际影响，而且《该通知》是整改方法，不具有强制力，因此《该通知》不具有可诉性。

3. 第三人述称

2008 年，第三人与原告商量合伙经营，由第三人出土地，原告出资金修建水库，后双方协商将第三人的土地流转给原告，并签订流转协议，因此有合伙协议，也有土地流转协议。实际上是土地流转，原告尚欠第三人工资和土地租金 30 万余元，水库建筑物并非第三人所有。

（三）事实和证据

重庆市万州区人民法院经公开开庭审理查明：

2008 年 1 月 16 日，原告与第三人签订《合伙协议》，约定第三人提供耕地约 30 亩作为修水库合股资本，原告负责水库筑坝、清理泥土、直至水库蓄水使用的资金，建成后所有权和使用权归双方所有，收益共同所有。2010 年 6 月 7 日，原告与第三人签订《农村土地承包经营权流转合同》，约定将第三人的承包经营土地以租赁的方式流转给原告经营，经营期限从 2010 年 7 月 1 日起至 2025 年 7 月 1 日止，流转土地合计 62 亩，每年租金 245 元/亩。2018 年 8 月 8 日、17 日，重庆市某区环境行政执法支队对原告及第三人进行调查询问，查证水库经营情况及违法行为。2019 年 3 月 29 日，重庆市某区某镇人民政府向第三人送达了责令立即停止违法行为告知书，告知所筑坝养鱼场位于某河湿地保护区内，责令立即停止蓄水、养鱼等违法行为。2019 年 4 月 26 日，重庆市某区某镇人民政府向第三人、原告送达了责令立即消除对生态环境的影响恢复原状再次告知书，再次告知所筑坝养鱼场位于某河湿地保护区内，责令在 5 月 10 日前限制人为蓄水、停止人工养鱼，并将养殖附属设施设备拆除，消除对生态环境的影响，恢复原状。2019 年 5 月 9 日，本案被告依据《中华人民共和国自然保护区条例》、国家林业局《湿地保护管理规定》、《中共重庆市某区委办公室重庆市某区人民政府办公室关于印发〈某河湿地保护区环境治理工作方案〉的通知》（某委办发〔2016〕33 号）、《重庆市某区人民政府办公室关于进一步推进自然保护地违法违规问题整改工作的通知》（某府办发〔2019〕41 号）精神，共同作出关于限期完成违法违规建设破坏生态环境问题整改的通知："一、整改时限，2019 年 5 月 15 日前。二、整改标准：1. 拆除坝体；2. 拆除所有养殖的附属设施设备；3. 建（构）筑物拆除后，涉及林地的必须复绿，涉及耕地的必须覆土，且覆土深度 60 厘米以上；4. 现场所有垃圾和设备、设施全部清除至保护区外。请你在规定时间内按要求自行整改到位，否则，政府将强制消除，由此引起的法律责任和一切费用由你自行承担。"送达该通知时，相关行政部门组织了某镇处理自然保护地违法违规问题业主法制谈话，原告受托人柯某某、第三人参加了会议。

上述事实有下列证据予以证明：

1. 农村土地承包经营权流转合同；2. 2018 年 8 月 17 日调查询问原告笔录一份；3. 重庆市某区某镇人民政府责令立即消除对生态环境的影响恢复原状再次告知书；4. 原告与第三人合伙协议。

（四）判案理由

重庆市万州区人民法院根据上述事实和证据认为：

行政机关依据土地承包经营权登记者系第三人蒋某某，养殖场在第三人承包地之上而向第三人发出通知，对第三人履行行政管理并无不当；该通知内容的具体整改时间、整改标准等是一种工作要求，具有建议、劝告性性质；通知中的“自行整改到位”“否则，政府将强制消除”是前置要求及拟定措施，不具体明确。涉案通知不具有强制性和可诉性，据此，裁定驳回原告林某的起诉。

（五）定案结论

重庆市万州区人民法院依照《中华人民共和国行政诉讼法》第四十九条第四款；《最高人民法院关于适用〈中华人民共和国行政诉讼法〉的解释》第一条第二款第（六）项、第（十）项、第六十九条第一款第（八）项、第（十）项之规定，裁定如下：

驳回原告林某的起诉。

（六）解说

劝告性性质的助成指导行为不具有行政法上的强制力，不可诉。本案系多个行政机关在联合执法中作出的行政行为，反映了行政机关履行行政管理职责中通常采取的方式、举措，而其性质的认定对行政行为能否具体实施，是否有强制力具有决定作用，从而影响行政机关行政管理效率和公信力。本案所诉的通知内容有具体整改时间、整改标准，是一种工作要求，具有建议、劝告性性质，是促进行政相对人自行整改以达到整改标准为目的的助成指导行为；通知中的“自行整改到位”是前置要求，“否则，政府将强制消除”是在行政相对人未按要求进行整改到位情形下的拟定措施，作出通知时尚未实施，行政相对人只要按通知自觉履行即可形成被告期待的行政秩序；行政相对人不履行整改时，将承担“政府将强制消除”行政责任负担，该“政府将强制消除”在作出通知时未发生，更无从具体明确，不能确定对行政相对人权利将产生何种性质、何种程度的直接实际影响。由此可见，劝告性性质的助成指导行为，不具有行政法上的强制力，不可诉。本案从处理结果上虽然驳回了原告的起诉，原告也接受了司法裁判，但是也可看出，多达六个行政机关投入了大量的人力、物力、时间所作的行政行为虽然规模大、声势大，但并不能产生行政管理效果，也浪费了公共资源、司法资源。通过本案的审理，反映出在建设生态文明的过程中，对一些突发性、重点性、临时性、范围广的环境违法行为，可以探索行政机关联合执法模式，以打破职权交叉和职权冲突导致的行政机关不作为或者怠于作为的桎梏，而此联合执法只有以提高行政机关的行政管理能力为条件，才能提高行政效率，真正实现依法行政。

编写人：重庆市万州区人民法院　王翔

18

陈某某与重庆市某区规划和自然资源局撤销行政变更登记案

（如果被诉行政行为与原告合法权益损害之间不存在因果关系，则原告与被诉行政行为不具有利害关系，原告不享有诉权）

（一）首部

1. 裁判文书字号

一审裁定书：重庆市渝北区人民法院（2019）渝0112行初218号行政裁定书

二审裁定书：重庆市第一中级人民法院（2019）渝01行终639号行政裁定书

2. 案由：撤销行政变更登记。

3. 诉讼双方

原告（上诉人）：陈某某。

委托代理人：李某，重庆某律师事务所律师。

被告（被上诉人）：重庆市某区规划和自然资源局（原重庆市某国土局）。

负责人：欧某某，局长。

委托代理人：张某，重庆市某区规划和自然资源局工作人员。

委托代理人：刘某某，重庆某律师事务所律师。

第三人：重庆市铜梁区A建材有限公司。

法定代表人：童某某，经理。

委托代理人：陈某某，重庆某律师事务所律师。

第三人：重庆市铜梁区B建材公司。

法定代表人：白某某，经理。

委托代理人：袁某某，重庆某律师事务所律师。

4. 审级：二审。

5. 审判机关和审判组织

一审审判机关：重庆市渝北区人民法院。

合议庭组成人员：审判长，沈远东；人民陪审员，王先容、文晓君。

二审审判机关：重庆市第一中级人民法院。

合议庭组成人员：审判长，张力；审判员，李立新、吴长渝。

6. 审结时间

一审审结时间：2019 年 9 月 20 日。

二审审结时间：2019 年 11 月 28 日。

（二）一审诉辩主张

1. 原告诉称

2015 年 4 月 28 日，被告与陈某某等人签订《股份整合协议》，将 6 人原各自所有的采矿场整合在一起，采矿场名称统一为重庆市铜梁区 B 建材有限公司铜炉建材厂二采场（以下简称铜炉二采场），挂靠在 B 公司名下经营，原告持股 11%。2015 年 6 月 3 日，原告与陈某某等人以铜炉二采场的名义缴纳采矿权价款后，以 B 公司作为采矿权人，取得了采矿许可证。2015 年 11 月 20 日，原告与陈某等人共同成立了 A 公司。因原告未按期缴纳出资款，现已被 A 公司除名，丧失股东资格。2018 年 12 月，原告与第三人 A 公司发生诉讼时，得知第三人 A 公司、B 公司于 2016 年 6 月 16 日在未告知原告及通知其他股东的情况下，共同出具“情况说明”，申请将采矿权人 B 公司变更为 A 公司。某根据第三人的申请将采矿权变更登记在 A 公司名下，并颁发了采矿许可证。原告认为 B 公司与 A 公司系没有关联关系的相互独立的法人主体，不存在 A 公司从 B 公司分离及名称变更的事实，重庆市某国土局未尽合理审查义务，根据第三人提供的虚假材料，将采矿权人 B 公司变更登记为 A 公司，明显错误。故起诉请求撤销被告于 2016 年 6 月 16 日颁发给 A 公司证号为 C5002242010037120057369 的采矿许可证的变更登记。

2. 被告辩称

原告主体不适格，原告既非变更登记行为的相对人，也非利害关系人，故主体不适格；本案已过起诉期限；重庆市某国土局具有核发采矿许可证的法定职责；重庆市某国土局变更登记程序合法；采矿权证书变更事实清楚、证据充分。

3. 第三人重庆市铜梁区 A 建材有限公司述称

原告主体不适格，被告的具体行政行为实际上未损害原告的合法权益，第三人 A 公司取得的涉案采矿权许可证是合法有效的，原告诉称事实与客观事实不一致。

4. 第三人重庆市铜梁区 B 建材公司述称

原告并非涉案矿产资源的采矿权人，与 B 公司亦无挂靠等法律关系，原告不是变更登记行政行为的相对人，变更登记行为不损害原告的利益，因此原告主体不适格，应当依法予以驳回。

（三）一审事实和证据

经重庆市渝北区人民法院公开审理查明：第三人B公司系于1992年8月19日依法成立的集体所有制企业，出资人为B乡企办。铜炉二采场于2005年12月26日登记成立，系集体分支机构，隶属于B公司，原告陈某某系铜炉二采场投资人。2015年10月30日，铜炉二采场召开业主联席会，一致同意铜炉二采场由原公司分离出去，新办独立公司，名称为"重庆市铜梁区A建材有限公司"。同日，陈某某等人向B公司提出申请，载明：我们铜炉二采场业主自愿申请办理自己的有限责任公司，对外展开业务。2015年11月5日，陈某某等人通过"重庆市铜梁区A建材有限公司首届股东会决议"，选举童某某为A公司经理（法定代表人），在全体股东签名或盖章处签字捺印，并于同日签订《重庆市铜梁区A建材有限公司章程》。2015年11月20日，重庆市铜梁区A建材有限公司登记成立，法定代表人为童某某，原告陈某某成为该公司股东。2016年6月2日，铜炉二采场因决议解散而在工商行政管理机关注销。

2015年8月14日，B公司取得证号为C5002242010037120057369的采矿许可证，采矿权人为B公司，矿山名称为铜炉二采场，铜炉二采场亦为该采矿许可证的实际使用人。

2016年3月16日，B公司和A公司向重庆市某国土局出具"重庆市铜梁区B建材开发公司铜炉建材厂二采场变更名称及法人情况说明"，内容为：我公司"重庆市铜梁区B建材开发公司铜炉建材厂二采场"因从B建材公司分离出来，需要对公司名称及法人进行变更。原工商营业执照已由"重庆市铜梁区B建材开发公司，法人代表：张某某"变更为现"重庆市铜梁区A建材有限公司，法人代表：童某某"。

2016年4月26日，B公司与A公司签订《采矿权转让协议书》，载明：B公司集体研究决定将铜炉二采场的采矿权转让给A公司开采使用；转让资金为零，B公司不收A公司任何费用。

2016年6月6日，A公司作为采矿权申请人向重庆市某国土局申请采矿权变更登记，申请将矿山企业名称由重庆市铜梁区B建材有限公司铜炉建材二采场变更为重庆市铜梁区A建材有限公司采矿场，企业法人由张某某变更为童某某，变更原因为企业公司分离。重庆市某国土局审查认为，铜炉二采场矿山与原B公司脱钩，分离为新公司。企业申请变更登记，变更登记要件齐备，同意变更登记发证。

2016年6月16日，A公司取得采矿许可证，证号为C5002242010037120057369，该证号与B公司取得的采矿许可证证号一致，原采矿权人由B公司变更为A公司，矿山名称由铜炉二采场变更为A公司采矿场，经济类型由集体企业变更为有限责任公司，其余开采方式、生产规模、矿区面积、有效期限均无变化。

2017年10月24日，A公司召开股东会，该股东会作出《重庆市铜梁区A建材有限公司股东会决议》，决定对未出资的股东陈某某等三人进行除名处理。后A公司将陈某某诉至重庆市铜梁区人民法院，请求确认《重庆市铜梁区A建材有限公司股东会决议》对陈某某的除名有效。重庆市铜梁区人民法院于2018年6月17日作出（2018）渝0151民初450号民事判决书，支持了A公司的诉讼请求。陈某某不服，上诉至重庆市第一中级人民法院。重庆市第一中级人民法院于2018年12月29日作出生效裁定书，认定查明事实与一审法院查明事实一致，《重庆市铜梁区A建材有限公司股东会决议》自身亦有效，无须再行起诉确认该决议内容的效力。故重庆市第一中级人民法院以确认《重庆市铜梁区A建材有限公司股东会决议》对陈某某的除名有效不具备诉的利益，不符合法院受理民事案件的条件为由，撤销重庆市铜梁区人民法院作出的（2018）渝0151民初450号民事判决书。

（四）一审判案理由

重庆市渝北区人民法院经审理认为：本案关键在于原告是否具有诉请撤销被告于2016年6月16日对C5002242010037120057369号采矿许可证作出的变更登记的主体资格。《中华人民共和国行政诉讼法》第二十五条第一款规定，行政行为的相对人以及其他与行政行为有利害关系的公民、法人或者其他组织，有权提起诉讼。首先，本案中申请变更登记的主体系A公司，原告并非变更登记行为的相对人。其次，原告为原铜炉二采场的投资人，在A公司成立后，成为A公司的股东，股东的权利为对公司的经营行为进行表决，获得股东分红等，同时应承担出资义务和其他股东责任。而本案被诉的重庆市某国土局对采矿许可证的变更登记行为，并不会对原告的合法权益产生不利影响，原告与被诉行政行为之间不具有利害关系。综上，原告请求撤销被告于2016年6月16日颁发给A公司证号为C5002242010037120057369的采矿许可证的变更登记，主体不适格，依法应予驳回。

（五）一审定案结论

重庆市渝北区人民法院依照《中华人民共和国行政诉讼法》第二十五条第一款、第四十九条第（一）项，《最高人民法院关于适用〈中华人民共和国行政诉讼法〉的解释》第六十九条第一款第（一）项的规定，作出如下裁定：

驳回原告陈某某的起诉。

（六）二审情况

1. 二审诉辩主张

原审原告不服，提出如下上诉理由：陈某某系原铜炉二采场的实际投资人，与其他几名股东以铜炉二采场的名义缴纳采矿权价款，并以B公司名义，获取了编号为C5002242010037120057369的采矿许可证，后陈某某出资成立A公司，成为该公司股东。陈某某作为涉案采矿许可证采矿权的实际投资人之一，原重庆市某国土局的变更登记行为对其合法权益造成了实际损害。陈某某具备诉讼主体适格。综上，请求：1. 撤销一审裁定，指令渝北区人民法院继续审理陈某某的起诉；2. 本案的诉讼费由重庆市某区规划和自然资源局承担。

原审被告答辩称：一审裁定正确，请求驳回上诉，维持原裁定。

原审第三人A公司辩称：陈某某不是适格的行政诉讼主体，被诉行政行为合法。一审认定事实清楚，适用法律正确，请求维持原裁定。

原审第三人B公司辩称：一审裁定正确，陈某某的上诉请求及理由均不能成立。B公司根据改制需要将企业的部分采矿权变更给A公司，并不损害陈某某利益，被诉行政行为合法有效。

2. 二审认定事实

重庆市第一中级人民法院对一审裁定书认定的事实予以确认。

3. 二审判案理由

重庆市第一中级人民法院认为本案争议焦点为陈某某与被诉行政行为是否具有利害关系。《中华人民共和国行政诉讼法》第二十五条第一款规定，行政行为的相对人以及其他与行政行为有利害关系的公民、法人或者其他组织，有权提起诉讼。关于“与行政行为有利害关系”所包含的情形，《最高人民法院关于适用〈中华人民共和国行政诉讼法〉的解释》第十二条列举了被诉的行政行为涉及相邻权或者公平竞争权、在行政复议等行政程序中被追加为第三人、撤销或者变更行政行为涉及合法权益等多种情形，该条列举的情形均属公法意义上的利害关系。故行政诉讼法虽将“与行政行为有利害关系”作为认定原告主体资格的重要标志，但不能理解为与行政行为有直接或间接关联的所有联系均为法律条文中所指向的“利害关系”，而应限定为行政法上的利害关系。陈某某以其投资利益受到损害，并以作为采矿权实际出资人的身份提起本案诉讼，系为维护其作为A公司股东应享有的股东分红、表决等权益，该权益虽可能受到被诉行政行为的影响，但属于私法上的利害关系，并非原重庆市某国土局在作出被诉行政行为时应当考虑和保护的公法权益，故陈某某与被诉行政行为不具有行政法意义上的利害关系，其不具备本案行政诉讼原告主体资格。

4. 二审定案结论

重庆市第一中级人民法院依照《中华人民共和国行政诉讼法》第八十九条第一款第（一）项之规定，作出如下裁定：

驳回上诉，维持原裁定。

（七）解说

本案涉及对“与行政行为有利害关系”的认定。《中华人民共和国行政诉讼法》第二十五条第一款规定，行政行为的相对人以及其他与行政行为有利害关系的公民、法人或者其他组织，有权提起诉讼。《最高人民法院关于适用〈中华人民共和国行政诉讼法〉的解释》第十二条规定了“与行政行为有利害关系”的几种情形，其中第（四）项为“撤销或者变更行政行为涉及其合法权益的”。从该项规定看，被诉行政行为所涉首先应当是一种合法权益，不法权益不在保护范围。合法权益不仅包括行政法律等公法规定的权益，还包括民事法律等私法规定的权益。其次，合法权益由原告享有，属个别化、特定化的权益，不包含间接的反射利益。最后，合法权益受到行政行为的损害，即行政行为与损害结果之间具有因果关系。如果没有行政行为，起诉人主张的损害一定不会产生，而即使该行为存在，通常也不会产生这种损害，可以认为不存在因果关系。本案中，原告以其投资利益受到损害，并以作为采矿权实际出资人的身份提起本案诉讼，原告虽享有投资利益，且投资利益系原告的合法权益，但该投资利益经公司采矿权主体的变更已转化为原告的股东利益，被告的变更登记行为并不会对原告的合法权益产生损害，变更登记行为与原告主张的损害后果之间并不存在因果关系，因此原告与被诉变更登记行为不具有利害关系，原告不具备本案行政诉讼原告主体资格。

编写人：重庆市渝北区人民法院　沈远东　马菲菲

19

某食品加工厂与重庆市某区环境行政执法支队不服行政处罚案

（米粉加工小作坊规模虽小，但也应当适用环保设施竣工验收制度）

（一）首部

1. 裁判文书字号

一审判决书：重庆市渝北区人民法院（2018）渝0112行初302号行政判决书

二审判决书：重庆市第一中级人民法院（2018）渝01行终809号行政判决书

2. 案由：不服行政处罚。

3. 诉讼双方

原告（上诉人）：某食品加工厂。

经营者：葛某某。

委托代理人：刘某，重庆某律师事务所律师。

被告（被上诉人）：重庆市某区环境行政执法支队。

法定代表人：孙某某，支队长。

委托代理人：王某，该单位工作人员。

委托代理人：钟某，北京某律师事务所律师。

4. 审级：二审。

5. 审判机关和审判组织

一审审判机关：重庆市渝北区人民法院。

合议庭组成人员：审判长，沈远东；人民陪审员，王先容、杨礼超。

二审审判机关：重庆市第一中级人民法院。

合议庭组成人员：审判长，张力；审判员，李立新、吴长渝。

6. 审结时间

一审审结时间：2018年9月19日。

二审审结时间：2019 年 2 月 1 日。

（二）一审诉辩主张

1. 原告诉称

原告系个体工商户，2011 年 11 月 7 日，原告与杨某某签订《租用房屋合同》，租用其所有的渝北区古路镇古路村三社 1 幢住宅房屋作为经营场所，渝北区古路镇古路社区村民委员会出具了同意该房屋作为经营场所证明，原告于 2012 年 4 月 5 日办理营业执照，经营范围为加工销售其他粮食加工品、米粉，即此开始在租用房屋从事米粉作坊加工，原告完全利用房屋现有条件未对房屋进行改建。2018 年 6 月 25 日，重庆市渝北区环境行政执法支队以“米粉加工厂建设项目需要配套建设的环境保护设施，未组织对治理设施进行验收即投入生产”，违反了《建设项目环境保护管理条例》第十九条“编制环境影响报告书、环境影响报告表的建设项目，其配套建设的环境保护设施经验收合格，方可投入生产或者使用；未经验收或者验收不合格的，不得投入生产或者使用”的规定为由，对原告作出罚款 20 万元的行政处罚决定，原告于 2018 年 7 月 10 日向朋友借款 20 万元缴纳了罚款。原告认为，原告的米粉加工作坊按规定不属于应当编制环境影响报告书、环境影响报告表的建设项目，被告拔高环境影响评价等级标准对原告作出行政处罚的行为违反了《中华人民共和国环境影响评价法》、《建设项目环境保护管理条例》相关规定以及《中华人民共和国行政处罚法》第三十八条“违法事实不能成立的，不得给予行政处罚”的规定，实施处罚没有法律依据，侵犯了原告合法权益，故起诉要求依法撤销渝北环执罚（2018）39 号行政处罚决定书。

2. 被告辩称

被告作出的行政处罚主体适格，认定事实清楚，适用法律准确，程序合法，处罚适当。（1）被告具有作出行政处罚的职权；（2）被告作出行政处罚的事实清楚；（3）被告作出行政处罚的程序合法；（4）被告作出行政处罚适用法律正确；（5）被告作出的行政处罚幅度适当。

（三）一审事实和证据

经重庆市渝北区人民法院公开审理查明：原告系个体工商户，经营者系葛某某。2011 年 11 月 7 日，葛某某与杨某某签订《租用房屋合同》，租用其所有的渝北区古路镇古路村三社 1 幢住宅房屋作为经营场所，渝北区古路镇古路社区村民委员会出具了同意该房屋作为经营场所证明。原告于 2012 年 4 月 5 日注册登记，经营范围系加工、销售其他粮食加工品、米粉，即此开始在租用房屋从事米粉作坊加工，原告完全利用房屋现有条件未对房屋进行改建。重庆市渝北区环境行政执法支队于 2018 年 6 月 25 日作出渝北环执罚（2018）39 号行政处罚决定书，主要内容：2018 年 4 月 21 日，被告对原告进行检查时发现，原告的米粉加工建设项目需要配套建设的环境保护设施，未组织对治理设施进行验收即投入生产，该行为违反了《建设项目环境保护管理条例》第十九条的规定，属“需配套建设环境保护设施的建设项目，未经验收即投入生产”的违法行为，故决定对葛某某作出罚款20万元的行政处罚。2018年7月9日，葛某某向重庆市某区环境保护局缴纳了20万元罚款。2018年7月26日，原告以被告作出《行政处罚决定书》时适用法律错误为由向本院提起行政诉讼，要求撤销该《行政处罚决定书》。

上述事实有下列证据证实：

1. 《事业单位法人证书》、法定代表人身份证明；

2. 重庆市渝北区机构编制委员会关于同意调整区环境监察支队机构编制事项的批复电子公文（渝北编发〔2017〕13号）；

3. 原告的营业执照、葛某某身份证复印件、重庆市食品生产加工小作坊生产核准证；

4. 现场检查（勘察）笔录、现场检查照片；

5. 对葛某某的调查询问笔录；

6. 视听资料及制作说明；

7. 古路社区村民委员会出具的证明；

8. 渝北区迎接全市环保集中督察工作领导小组办公室转办案件审批表；

9. 重庆市某区环境行政执法支队立案审批表；

10. 重庆市某区环境保护局环境保护查封（扣押）审批表，重庆市某区环境保护局查封（扣押）决定书、查封（扣押）清单、执法文书送达回证、查封扣押设备及执法文书送达照片；

11. 重庆市渝北区环境行政执法支队案件处理内部审批表，重庆市渝北区环境行政执法支队责令改正违法行为决定书、执法文书送达回证，重庆市某区环境行政执法支队行政处罚事先（听证）告知书、执法文书送达回证；

12. 听证申请书、重庆市某区环境行政执法支队行政处罚听证会通知书、送达回证、听证笔录、听证报告；

13. 重庆市某区环境行政执法支队关于葛某某听证情况的请示、重庆市渝北区环境保护局关于葛某某听证情况的请示的批复；

14. 重庆市某区环境行政执法支队行政处罚案件调查报告、集体讨论笔录；

15. 重庆市渝北区环境保护局解除查封（扣押）决定书、送达回证；

16. 重庆市渝北区环境行政执法支队行政处罚决定书、执法文书送达回证；

17. 执法人员执法证；

18. 租用房屋合同；

19. 农村宅基地房产证复印件；

20. 重庆市渝北区古路镇古路社区村民委员会开具的证明；

21. 非税收入一般缴款书（回单），证明2018年7月9日葛某某缴纳环保罚款20万元。

（四）一审判案理由

重庆市渝北区人民法院经审理认为：本案的争议焦点在于：一、被告是否具有行政处罚权；二、原告是否存在违法事实以及违法行为是否应当受到行政处罚；三、被告作出行政处罚时适用法律是否正确。对此，分别评述如下：一、被告是否具有行政处罚权。《重庆市环境保护条例》第一百一十四条规定，市、区县（自治县）环境保护主管部门行使的行政处罚权，分别由市、区县（自治县）环境行政执法机构实施。《中华人民共和国行政处罚法》第十七条规定，法律、法规授权的具有管理公共事务职能的组织可以在法定授权范围内实施行政处罚。被告作为重庆市渝北区环境保护局的环境行政执法机构，属于经地方性法规《重庆市环境保护条例》授权具有行政处罚权的管理公共事务职能的组织，系合法的行政处罚主体。二、原告是否存在违法事实以及违法行为是否应当受到行政处罚。原告代理人提出，原告于2012年4月5日经工商部门核准登记经营范围为“其他粮食加工品、米粉”，同时于2012年4月6日经质量技术监督部门审查核准生产的产品类别为“其他粮食加工品（谷物粉类制成品）、米粉”，生产类别应属于“农副食品加工业”中的“粮食及饲料加工”，系应当填报环境影响登记表的类别，而非应当编制环境影响报告书、报告表的类别。本院认为，原告经营者葛某某在《重庆市某区环境行政执法支队调查询问笔录》中陈述，原告的生产工艺为：大米（加水）—浸泡—磨浆（加水）—米浆搅拌（加水、加淀粉）—米粉机蒸熟成型—分切—包装—成品。根据《国民经济行业分类》（GB/T4754－2017）的规定，粮食加工是指将稻谷、小麦、玉米、谷子、高粱等谷物去壳、碾磨，加工为成品粮的生产活动。原告的生产工艺不同于简单的去壳、碾磨行为，而是以大米作为主要原料加工制成只需简单蒸煮即可作为主食的方便主食食品制造行为。根据《建设项目环境影响评价分类管理名录》的规定，原告的建设项目属于其他食品制造（手工制作和单纯分装除外），属应当编制环境影响报告表的类别。对于编制环境影响报告表的建设项目，应当配套建设环境保护设施，并经验收合格方可投入生产或使用。原告未配套建设环境保护设施违反环保设施竣工验收制度，应当给予行政处罚。三、被告作出行政处罚时适用法律是否正确。被告作出行政处罚的法律依据是《建设项目环境保护管理条例》第十九条、第二十三条之规定，该条例属现行有效的行政法规，应当适用。对于原告代理人提出被告在认定原告所属行业以及项目类别时适用了错误的《建设项目环境影响评价分类管理名录》条款，本院认为，原告的环保设施竣工验收制度的违法行为发生在2012年，且一直处于继续状态，《建设项目环境影响评价分类管理名录》虽经2015年、2017年以及2018年三次修改，但对于“其他食品制造”需要编制环境影响报告表的规定却未变更，故被告适用《建设项目环境影响评价分类管理名录》的相关规定正确。

（五）一审定案结论

重庆市渝北区人民法院依照《中华人民共和国行政诉讼法》第六十九条之规定，判决如下：

驳回原告某食品加工厂的诉讼请求。

（六）二审情况

1. 二审诉辩主张

原审原告不服，提出如下上诉理由：重庆市某区环境行政执法支队不具有行政处罚权；一审法院认定涉案项目属于应当编制环境影响报告表类别，并据此认为上诉人未配套建设环境保护设施违反环保设施竣工验收制度属于认定事实错误；某食品加工厂未填报登记表的行为已超过2年，不应给予处罚；被上诉人适用法律错误，根据《重庆市环境保护局关于印发重庆市免于环境影响评价手续建设项目名录的通知》（渝环发〔2016〕18号）的相关规定，上诉人可免于环评手续。故请求撤销一审判决，依法改判撤销渝北环执罚（2018）39号行政处罚决定。

原审被告答辩称：其具有作出被诉行政处罚决定的职权；涉案项目属于其他食品制造行业，被上诉人依据《建设项目环境保护管理条例》第二十三条作出行政处罚适用法律正确。一审认定事实清楚，适用法律正确，请求驳回上诉，维持原判。

2. 二审事实和证据

重庆市第一中级人民法院对一审判决书认定的事实及所列证据予以确认。

3. 二审判案理由

重庆市第一中级人民法院认为本案的争议焦点为被诉行政处罚决定的合法性。对此，评述如下：首先，被上诉人重庆市某区环境行政执法支队的主要职责包括污染源执法检查、环境违法行为查处等事项，被诉行政处罚决定所涉违法行为符合其法定职责和属地管辖范围，如一审判决所述，被上诉人系符合《中华人民共和国行政处罚法》《重庆市环境保护条例》等法律和地方性法规规定的行政处罚主体，有权作出被诉行政处罚决定；其次，上诉人在接受被上诉人调查询问时，自述其生产工艺流程，且自认未办理环保竣工验收等手续，综合被上诉人在涉案项目现场检查时发现车间内有米粉机、磨浆机、搅拌机、蒸粉机、燃煤锅炉、水泵等设备的情况，可以认定上诉人实际采用其自述的工艺生产米粉，涉案项目属于其他食品制造业，需要编制环境影响报告表，上诉人未依法配套建设环境保护设施并组织验收即投入生产，违反了《建设项目环境保护管理条例》相关规定，被上诉人据此作出处罚决定证据充分，适用法律正确，一审法院对上述问题的评述正确；再次，被上诉人发现上诉人违法行为线索后，经两名执法人员现场检查、调查询问和收集证据、立案审批、查封扣押，发放责令改正违法行为决定书、依法组织被处罚人进行听证等程序，并综合全案证据作出被诉行政处罚决定，合法送达了各类文书，其处罚程序合法；最后，被上诉人根据上诉人违法情节，以法定处罚幅度最低限确定处罚金额，并无不当。故被上诉人作出被诉行政处罚决定主体合法，证据充分，适用法律正确，符合法定程序，处罚结果并无不当。关于上诉人提出某食品加工厂未填报登记表的行为已超过 2 年，不应给予处罚的问题，本案被诉行政处罚决定针对的是上诉人未依法配套建设环境保护设施并组织验收即投入生产的违法事实，且该违法状态持续至被上诉人现场检查之时，故被上诉人作出处罚决定并未违反《中华人民共和国行政处罚法》规定的期限。上诉人的上诉理由无事实和法律依据，其上诉请求不成立。

4. 二审定案结论

重庆市第一中级人民法院依照《中华人民共和国行政诉讼法》第八十九条第一款第（一）项之规定，判决如下：

驳回上诉，维持原判。

（七）解说

1. 本案判决结果对规范城乡接合部小微企业的环境违法行为具有引导作用。城乡接合部小作坊企业较多，作为重要的经济形式，在满足城乡居民日常需要的同时，也带来了一些环境问题。本案通过对米粉加工小作坊违反环保设施竣工验收制度被处以高额行政罚款的合法性审查和裁判，可以起到增强小作坊环保意识的引领作用。

2. 环保底线高，震慑作用大。很多小作坊经营者对其建设项目是否应当办理环评手续、是否应当配套建设环境保护设施并经验收合格等问题认识不清。本案中，原告从事米粉加工，属应当编制环境影响报告表的类别，应当配套建设环境保护设施对加工过程中产生的废水进行收集处理，防止未经处理的废水流出污染环境。根据《建设项目环境保护管理条例》的规定，未验先投处 20 万元以上 100 万元以下的罚款，被告对原告处以 20 万元的行政罚款，已属于底线处罚，行政处罚并无不当。

3. 地方性法规授权行政主体享有行政处罚权。《中华人民共和国行政处罚法》第十七条规定，法律、法规授权的具有管理公共事务职能的组织可以在法定授权范围内实施行政处罚。《重庆市环境保护条例》第一百一十四条规定，市、区县（自治县）环境保护主管部门行使的行政处罚权，分别由市、区县（自治县）环境行政执法机构实施。被告作为重庆市某区环境保护局的环境行政执法机构，属于经地方性法规《重庆市环境保护条例》授权具有行政处罚权的管理公共事务职能的组织，系合法的行政处罚主体。

编写人：重庆市渝北区人民法院　沈远东　马菲菲

20

韩某与贵阳市某环境保护局撤销环评许可行政诉讼案

（行政机关对环评报告是形式审查还是实质审查）

（一）首部

1. 裁判文书字号

贵州省清镇市人民法院（2018）黔0181行初3号行政判决书

2. 案由：申请撤销环评审批决定。

3. 诉讼双方

原告：韩某。

诉讼代理人：黄某，贵州某律师事务所律师。

被告：贵阳市某环境保护局（以下简称某环保局）。

法定代表人：汤某，该局局长。

诉讼代理人：伍某某，贵阳市环境监测中心站站长。

诉讼代理人：马某，贵州某律师事务所律师。

第三人：贵阳某环保节能公司。

法定代表人：罗某，该公司董事长。

委托诉讼代理人：孙某某，贵州某律师事务所律师。

4. 审级：一审。

5. 审判机关和审判组织

审判机关：贵州省清镇市人民法院。

合议庭组成人员：审判长，罗光黔；人民陪审员，邱山、季林。

6. 审结时间：2018年8月12日。

（二）诉辩主张

1. 原告诉称

2015年2月，第三人贵阳某环保节能公司经贵阳市发改委批复同意，拟建设贵阳市乌当区奶牛场片区污水处理工程，处理包括建设中的中天未来方舟、保利公园2010等房开项目生活污水。项目由具有资质的机构进行了环评并出具《建设项目环境影响报告表》，认为项目评价范围内无敏感项目，建设项目符合国家产业政策，选址合理，项目营运期会产生尾水、设备噪声、废气以及固体废物等污染，只要落实环评提出的相关环保措施，严格执行“三同时”制度，在确保项目产生的污染物达标排放并满足总量控制要求前提下，建设项目从环境角度可行。案涉《建设项目环境影响报告表》在经过专家审查并修改后，第三人贵阳某环保节能公司向本案被告某环保局报批。被告某环保局受理后于2016年4月26日在其官方网站上进行了受理公示，经审查后于2016年5月11日在官方网站上发布了拟批准贵阳市乌当区奶牛场片区污水处理工程项目环评公示，后于2016年5月30日作出建设项目环境影响评价文件审批决定，该决定也在官方网站上进行了公告。第三人贵阳某环保节能公司获得环评审批后，即开始施工，目前工程尚未完工。

原告韩某及其他部分居民购买了保利公园2010商品住宅楼住房。在第三人开始污水处理厂建设后，原告等人发现污水处理厂项目距住宅楼很近，认为该项目建成后会对其居住的环境造成影响，遂向相关部门反映，经对话协商未果。此期间，原告等人认为第三人建设的该污水处理厂环境影响评价存在问题，且被告在审批环境影响评价时审查不严，程序违法，对原告等人合法权益产生影响，故提起诉讼。诉请法院：1. 依法判决撤销被告根据第三人贵阳某环保节能公司提交的贵阳市乌当区奶牛场片区污水处理工程环境报告表含水环境评价专项作出同意其修建污水处理厂的审批意见（筑环表〔2016〕42号）；2. 本案的诉讼费由被告承担。

2. 被告辩称

被告某环保局辩称，第一，答辩人完全按照《中华人民共和国环境影响评价法》的相关规定，履行相应的审批程序，程序合法。答辩人审查的是报告表，不是报告书，报告表无需举行论证会、听证会等形式。答辩人按照相关法律规定进行审批，相关公示依法在生态委网站进行，相关权利也明确告知。第二，关于被答辩人提出的所谓公众参与问题，完全不适用于第三人向答辩人所报批的贵阳市乌当区奶牛场片区污水处理工程环境影响报告表（含水环境评价专项）。原告诉请的公众参与无相关依据，无需公众参与。根据《中华人民共和国环境保护法》第五十六条及《中华人民共和国环境影响评价法》第二十一条的规定，举行论证会、听证会或者采取其他形式征求有关单位、专家和公众意见的环境影响评价文件为建设项目环境影响评价报告书，包括专项规划审批前所提出的专项规划环境影响评价报告书，本案是环评报告表，无需公众参与环节。第三，贵阳市乌当区奶牛场片区污水处理工程环境报告表（含水环境评价专项）中已经严格依法设置了相应防护距离，且完全符合国家相应法律法规规定及标准。答辩人审批环评表时适用的是2001年6月1日实施的国家质量监督检验检疫总局和国家建设部发布的GB50318－2000《城市排水工程规划规范》，该规范第7.3.3条的规定是：污水处理厂周围应设置一定宽度的防护距离，减少对周围环境的不利影响。而该GB50318－2000《城市排水工程规划规范》并未明确规定所谓防护距离的具体数据，贵阳市乌当区奶牛场片区污水处理工程环境影响报告表（含水环境评价专项）已经对卫生防护距离进行了相应的计算、分析、评价，项目卫生防护距离设置为：地面排风井100米。根据贵州省地矿测绘院出具的该项目与周边建筑物关系图，排风井与保利公园2010商品住宅楼的最近距离为107.18米，大于100米，完全满足卫生防护距离的要求。另外，原告引用的住房和城乡建设部发布的GB50318－2017《城市排水工程规划规范》是2017年1月21日发布，2017年7月1日起实施的，答辩人审批案涉项目时并无该规范，且该规范为推荐性规范而非强制性规范。第四，贵阳市乌当奶牛场片区污水处理工程不仅未对被答辩人造成重大不利影响，反而有利于周边环境。该项目处理属于市政基础设施，服务包括原告在内的周边项目的污水。属于地埋式污水处理厂，不会对周边环境造成危害。因此，请求人民法院依法驳回原告全部诉讼请求。

第三人认可被告答辩意见，请求驳回原告诉请。

（三）事实和证据

贵州省清镇市人民法院环境资源审判庭经公开开庭审理查明：2015年2月，第三人贵阳某环保节能有限公司经贵阳市发改委批复同意，拟建设贵阳市乌当区奶牛场片区污水处理工程，处理包括建设中的中天未来方舟、保利公园2010等房开项目生活污水。项目近期2020年设计规模处理2.5万吨/天，远期总规模5万吨/天，并委托具有建设项目环境影响评价乙级资质的青岛洁瑞环保技术服务有限公司进行环评。该公司于2015年12月出具贵阳市乌当区奶牛场片区污水处理系统《建设项目环境影响报告表》。认为项目评价范围内无饮用水源保护区、风景名胜区、森林公园、地质公园、非物质文化遗产及历史文物等敏感项目，建设项目符合国家产业政策，选址合理。项目营运期会产生尾水、设备噪声、废气以及固体废物等污染，只要落实环评提出的相关环保措施，严格执行“三同时”制度，在确保项目产生的污染物达标排放并满足总量控制要求前提下，建设项目从环境角度可行。该建设项目向奶牛场部分职工发放了《环境影响评价公众参与调查表》。案涉《建设项目环境影响报告表》在经过专家审查并修改后，第三人贵阳某环保节能公司向本案被告某环保局报批。被告某环保局受理后于2016年4月26日在其官方网站上进行了受理公示，经审查后于2016年5月11日在官方网站上发布了拟批准贵阳市乌当区奶牛场片区污水处理工程项目环评公示，后于2016年5月30日作出建设项目环境影响评价文件审批决定，该决定也在官方网站上进行了公告。第三人贵阳某环保节能公司获得环评审批后，即开始施工，目前工程尚未完工。

原告韩某及其他部分居民购买了保利公园2010商品住宅楼住房。在第三人开始污水处理厂建设后，原告等人发现污水处理厂项目距住宅楼很近，认为该项目建成后会对其居住的环境造成影响，遂向相关部门反映，经对话协商未果。在此期间，原告等人认为第三人建设的该污水处理厂环境影响评价存在问题，且被告在审批环境影响评价时审查不严，程序违法，对原告等人合法权益产生影响，故提起诉讼。

另查明，本案所涉污水处理厂系采用“半地下式组团布置形式”进行设计（即污水处理单元均采用地埋式，综合楼位于地上）。该污水处理厂厂界边缘紧邻保利公园2010商品住宅楼项目，但按设计方案及专业机构测绘，该项目出风口距保利公园2010商品住宅楼最近处有107.18米。

（四）裁判理由

贵州省清镇市人民法院环境资源审判庭根据上述事实和证据认为，本案的争议焦点为：1. 原告是否超过起诉期限；2. 第三人及被告是否违反公众参与规定，包括第三人在报批《建设项目环境影响报告表》前是否应当进行听证，被告是否应当对第三人提交的《建设项目环境影响报告表》（含水环境评价专项）的公众参与部分内容进行实质性审查，被告进行环评审批是否应当进行听证，是否违反相关法律程序；3. 被告适用2000年标准审批环评是否错误；4. 被告对环评表所依据数据是否应当进行实质审查；5. 城乡控规方案后，第三人是否应当重新报批环评，被告是否有义务监督第三人重新报批环评。根据《中华人民共和国环境影响评价法》《建设项目环境保护管理条例》等相关法律法规规定，案涉项目不属于应当编制环境影响报告书的项目，只需要制定报告表，故本案第三人提交环境影响评价表符合规定。同时，根据法律规定，本案污水处理厂项目不属于编制环境影响评价必须听证的项目。法规对报告表项目没有必须编制公众参与篇章的强制要求，对行政机关审批报告表也没有必须听证的要求。而本案被告在受理申请后主动进行了公示，履行了告知公众参与的义务。在作出审批决定后，再次在其官方网站上发布了审批公告。因此，被告在审批案涉《建设项目环境影响报告表》时未违反法律、法规的程序性规定。对于原告所主张的150米卫生防护距离，法院认为被告审批在前，不可能适用之后发布的标准。而根据环评报告表，项目已经满足环评要求的出风口至周边居民楼100米卫生防护距离。对于环评报告表中的数据，行政机关认为其不负有审查义务，法院认为根据相关法规规定，行政机关具有一定程度的实质审查义务，但本案没有证据表明环评报告表内容存在重大缺陷、遗漏，或者环评结论不明确、不合理。至于原告所称项目运营产生的噪声和排污对保利公园楼盘产生重大不利影响，法院认为，案涉污水处理项目尚在建设，环境影响评价就是对施工及今后可能出现的噪声、废水、废气等污染物进行分析并采取相应措施进行处理，只要严格执行“三同时”，基本上能够避免污染物产生的影响，原告目前就推定今后营运对其产生影响没有事实依据。

（五）定案结论

贵州省清镇市人民法院环境资源审判庭参照《环境影响评价公众参与暂行办法》，依照《中华人民共和国环境影响评价法》第十六条第一款、第十六条第二款第（二）项、第十九条第一款、第二十条第一款，《建设项目环境保护管理条例》第十条第一款和《中华人民共和国行政诉讼法》第六十九条之规定作出如下判决：

驳回原告韩某的诉讼请求。

（六）解说

本案属于典型的“邻避效应”案件。污水处理厂是城市正常运行所必需，但大家都不愿意让其修建在自家居住区附近。因此，市政在建设垃圾填埋场、垃圾焚烧发电厂、污水处理厂等项目时，附近居民往往会通过信访、诉讼等方式表示反对。对法院而言，在审理这类案件时，坚持依法审查、维护群众合法权益非常重要。一是要审查行政机关审批程序是否合法。例如本案所涉及的公众参与问题。本案属对环境影响较轻的项目，只需要做环评报告表，且对公众参与部分要求不高。本案中行政机关履行了相关公示义务。二是对行政审批的依据进行审查。例如本案的卫生防护距离及其适用标准，涉案环评报告表内容是否存在重大缺陷、遗漏等。本案中行政机关认为其对环评报告只是形式审查，但法院认为根据相关法规，行政机关应当对环评报告表内容是否存在重大缺陷、遗漏等进行实质审查。只有依法审查，把行政机关审批依据公开，讲清楚道理，才能消除公众疑惑。本案作出判决后双方都没有上诉。人民法院就是要通过行政案件的审理，保护公民人身财产等合法权益，保护公众监督权，让人民群众在每一个司法案件中感受到公平正义；同时督促、监督行政机关积极行政、依法行政，严格按照法律规定履行管理职责，推进法治政府建设。

编写人：贵州省清镇市人民法院　罗光黔　饶周琴

21

贵阳某硅业公司申请确认某市生态环境局、贵阳市白云区某乡人民政府行政强制行为违法案

（行政机关代履行行为的合法性判断）

（一）首部

1. 裁判文书字号

贵州省清镇市人民法院（2019）黔0181行初20号行政判决书

2. 案由：行政强制行为违法。

3. 诉讼双方

原告：贵阳某硅业公司。

法定代表人：陈某铭，执行董事兼总经理。

委托诉讼代理人：何某，贵州某律师事务所律师。

被告：某市生态环境局（原为某区环保局）。

法定代表人：杨某，该局局长。

单位出庭负责人：邓某元，某市生态环境局某分局局长。

委托诉讼代理人：张某林，贵州某律师事务所律师。

被告：贵阳市白云区某乡人民政府（以下简称某乡政府）。

法定代表人：岑某，该乡乡长。

单位出庭负责人：樊某松，该乡副乡长。

委托诉讼代理人：肖某林、江某，贵州某律师事务所律师。

4. 审级：一审。

5. 审判机关和审判组织

审判机关：贵州省清镇市人民法院。

合议庭组成人员：审判长，罗光黔；人民陪审员，夏维军、汪海杰。

6. 审结时间：2019 年 10 月 30 日。

（二）诉辩主张

1. 原告诉称

原告贵阳某硅业公司诉称，2010 年 12 月 25 日，原告与贵阳市国土局签订《采矿权出让合同》，取得位于贵阳市白云区牛场乡石头村白岩组硅石矿的采矿权，采矿权行使时限为 10 年，并于 2011 年办理了《采矿权许可证》，2013 年办理了《安全生产许可证》。其间，原告一直申请办理林业用地审批手续，但林业部门均告知无法办理。为避免采矿许可证过期，原告于 2013 年便开始开采硅石矿，其间，被告未对原告开采行为提出过异议，也未要求原告进行整改。2016 年，贵阳市检察院以原告涉嫌非法占用农用地罪向法院提起公诉，法院判决原告罚金 20 万元。后原告未再进行矿石开采。2018 年 9 月底，二被告及区政府前往原告硅石矿开采场地，将停放在矿区的挖掘机、鳄破机、锤破机等所有机器进行强制暴力拆卸，造成原告价值 1000 万元的机器设备被损坏，无法修复，给原告造成重大经济损失。根据《中华人民共和国行政诉讼法》之规定，原告提起诉讼，请求：1. 确认二被告强制拆除原告位于贵阳市白云区某乡硅矿场机械设备的行为违法；2. 本案诉讼费用由二被告负担。

2. 被告辩称

被告某市生态环境局答辩称，被告行为不存在违法，是好意施惠行为。原告因为环境违法被处罚，基于原告存在困难，被告同意分期缴纳。为了落实中央环保督查要求，被告主动出资，对原告的设备请专业人员进行拆卸，代替其履行义务，并未违法。被告要求原告停产整治，而原告无力整改，污染持续存在。原告设备占用场地影响治理，被告代其履行拆除原告生产设备，并在对方工作人员指定处堆放，没有造成财产损害。之前，被告明确告知对方在规定期间内完成治理，否则将由其他人代为治理，费用由原告承担，原告法定代表人已签收，被告不存在违法行为。

被告某乡政府答辩称，原告企业在第二被告辖区范围内，生产手续不齐全。政府多次召集原告开会，原告也同意拆除，但是一直并未履行。政府根据生态环境局要求配合拆除，拆除过程由原告配合，是双方协商结果，并未违法，请求法庭驳回原告诉求。

（三）事实和证据

贵州省清镇市人民法院环境资源审判庭经公开开庭审理查明：原告贵阳某硅业公司通过竞买取得白云区某乡硅石矿采矿权，并于 2011 年 6 月、2013 年 10 月先后取得采矿许可证和安全生产许可证。原告公司的法定代表人陈某铭于 2012 年到林业部门申请办理林地使用手续，被告知已暂停办理。在未获得林地使用许可的情况下，贵阳某硅业公司于 2013 年 12 月至 2016 年 7 月露天开采硅石矿，违法占用林地 115.08 亩，且破坏了原有植被，山体被深度开挖采石，山体形态发生明显变化。贵阳市白云区人民检察院于2017年12月向本院提起公诉，本院于2018年3月21日作出（2017）黔0181刑初629号刑事判决书，以非法占用农用地罪判处被告贵阳某硅业公司罚金人民币20万元；以非法占用农用地罪判处被告单位贵阳某硅业公司的法定代表人陈某铭有期徒刑二年，缓刑二年。该案中，陈某铭向法庭承诺如期完成植被恢复并达到国家相关标准要求。贵阳某硅业公司的生产不仅占用了林地，还引发了一些环境问题。2016年10月，某区环境保护局在对贵阳某硅业公司进行调查时，发现该公司开采出来的伴生煤矿露天堆放于矿区内，煤矿淋溶废水收集在无防渗设施的简易收集池，造成下游水体污染，故于2016年11月30日向贵阳某硅业公司作出白环责停字〔2016〕1号《责令停产整治决定书》，责令该公司立即停止生产，采取措施消除污染。并于2016年12月16日作出白环罚字〔2016〕014号《行政处罚决定书》，对该公司罚款6万元。之后，贵阳某硅业公司于2016年12月委托相关公司制定了《环境综合整治项目治理方案》。2016年12月22日，某区环保局向原告发出白环通〔2016〕6号《关于要求贵阳某硅业公司开展矿区环境污染综合整治的通知》，要求该公司立即按照修改完善后的方案组织实施，并在2017年6月30日前完成。该通知明确如未按照治理方案落实或治理不到位，环保局将联合当地政府按程序招标选择有治理能力的单位代为治理，所需费用由该公司承担。但原告贵阳某硅业公司一直未按照方案要求完成治理，污染问题持续存在，对附近村民饮用水造成污染，村民不断投诉，成为中央环保督察交办的问题之一，为此，某区人民政府在此期间多次召开会议研究处理，但原告仍未认真履行治理义务。2018年8月27日，贵阳市白云区中央环保督察回头看工作领导小组召开会议，要求原告拆除生产设备，但原告也未拆除。在此情况下，某区环保局通知了属地政府即本案第二被告牛场乡政府，要求政府协助拆除原告机器设备。某乡政府遂与第三方公司签订了合同，于2018年11月4日进场，在原告工作人员的配合下，将主要机器设备拆除并堆放在原告指定位置或运出。后原告以二被告及白云区人民政府拆除其机器设备违法为由向贵阳中院提起诉讼，要求法院判决三被告行为违法并赔偿损失1000万元。贵阳中院裁定驳回原告对某区人民政府的起诉并将案件移送本院受理。

另查明，贵阳市某区环保局在2019年初机构改革中，已变更为某市生态环境局某区分局，非独立法人。

（四）裁判理由

贵州省清镇市人民法院环境资源审判庭根据上述事实和证据认为：本案被告某市生态环境局及某乡政府委托第三方拆除原告机器设备的行为，实质上是行政强制中的代履行行为。被告某市生态环境局认为其适用的是《中华人民共和国水污染防治法》第七十六条的规定而不是适用《中华人民共和国行政强制法》的规定，故不受《中华人民共和国行政强制法》的限制。本院认为，这种理解系对法律的错误解读。本案的焦点问题为二被告实施的代履行行为是否符合法律规定。首先，本案是否符合代履行的适用条件。《中华人民共和国行政强制法》第五十条规定，行政机关做出的要求当事人排除妨碍、恢复原状义务的行政决定，当事人逾期不履行，经催告仍不履行的，其后果已经或者将危害交通安全、造成环境污染或者破坏自然资源的，行政机关可以代履行，或者委托没有利害关系的第三人代履行。从该规定可以知道，实施代履行的前提条件之一是行政机关应当作出过要求相对人排除妨碍、恢复原状等义务的行政决定。从被告市生态环境局提交的证据看，原告贵阳某硅业公司违法生产的行为已经造成污染环境的后果，某区环保局在 2016 年 11 月 30 日向原告作出了白环责停字〔2016〕1 号《责令停产整治决定书》，责令原告立即停止生产，采取措施消除污染，并随后对原告罚款 6 万元。本院认为，被告该整治决定就是要求原告治理的决定，满足代履行的前提条件。原告认为其已经履行被告这一行政命令，但从本案证据看，在被告作出责令整治决定后，原告除委托第三方机构制作了《环境综合整治项目治理方案》外，并未开展实质上的治理工作，污染问题持续存在，群众投诉不断。在原告已经造成环境污染而又未进行治理的情况下，被告并不需要重新作出一个停产治理决定。原告认为被告只实施了拆除设备行为，并未代为实施治理。本院认为，原告要完成环境治理，必然要拆除场地上机器设备，拆除机器设备是进行治理工作的前提，是治理工作的一部分内容，因此行政机关代为拆除原告机器设备并非独立的行政行为，仍是代履行的一部分工作内容。按照规定，行政机关实施代履行的另一个前提是应当进行催告，经催告仍不履行的，行政机关才能代履行。从本案证据看，被告于 2016 年 11 月 30 日向原告作出白环责停字〔2016〕1 号《责令停产整治决定书》，在 2016 年 12 月 22 日，某区环保局向原告发出白环通〔2016〕6 号《关于要求贵阳某硅业公司开展矿区环境污染综合整治的通知》，该通知明确了原告完成整改的时限为 2017 年 6 月 30 日前，并明确如原告未按照治理方案落实或治理不到位，环保局将联合当地政府按程序招标选择有治理能力的单位代为治理，所需费用由该公司承担。在之后某区人民政府一系列会议中，均提到过要求原告治理的问题。这些通知、会议实际上含有催告内容，可以视为被告已履行了催告。原告认为被告没有告知将要代履行的意见与本案事实不符，本院不予采纳。其次，代履行需要遵守相关的程序要求。本院认为，第一，本案被告虽然在 2016 年 12 月就向原告发出过通知，告知原告若不按时履行整治义务则被告将实施代履行，但在具体实施代履行前，并未按照法律规定作出代履行决定书，未将代履行的理由和依据、方式和时间、标的、费用及预算告知原告。而从行政机关实施代履行的程序上看，送达代履行决定书是实施代履行行为的必经环节。第二，被告在实施代履行后，未制作代履行执行文书，无参与代履行的相关各方如行政机关到场监督的工作人员、代履行人和行政相对人或者见证人的签字盖章。综上，本院认为，原告违法占用林地进行采矿并造成环境污染，在行政机关要求其进行整改后怠于履行其环境治理义务，行政机关为保护环境和社会公共利益，委托第三方机构拆除原告机器设备，督促原告进行治理并无不当。但被告实施代履行的行为不符合《中华人民共和国行政强制法》对代履行的程序规定，应当确认违法。被告抗辩理由不能成立，本院不予采纳。

（五）定案结论

贵州省清镇市人民法院环境资源审判庭依照《中华人民共和国行政诉讼法》第七十四条“行政行为有下列情形之一的，人民法院判决确认违法，但不撤销行政行为：（一）行政行为依法应当撤销，但撤销会给国家利益、社会公共利益造成重大损害的；（二）行政行为程序轻微违法，但对原告权利不产生实际影响的”，《最高人民法院关于适用〈中华人民共和国行政诉讼法〉的解释》第九十六条“有下列情形之一，且对原告依法享有的听证、陈述、申辩等重要程序性权利不产生实质损害的，属于行政诉讼法第七十四条第一款第二项规定的‘程序轻微违法’：（一）处理期限轻微违法；（二）通知、送达等程序轻微违法；（三）其他程序轻微违法的情形”的规定，判决如下：

被告某市生态环境局、被告某乡政府委托第三方单位拆除原告贵阳某硅业公司位于贵阳市白云区某乡硅矿厂机器设备的行为违法。

（六）解说

1. 代履行是行政强制的一种方式。《中华人民共和国水污染防治法》第七十六条规定了行政机关的代履行，只是在单行法中对代履行的一种特别授权，而《中华人民共和国行政强制法》则规定只要符合法定代履行的情形，行政机关就可以依据该规定实施代履行，是对行政机关代履行的普遍授权，二者并不冲突。即便依照单行法实施的代履行行为，也应当遵守《中华人民共和国行政强制法》关于代履行的相关规定。

2. 代履行的适用条件。《中华人民共和国行政强制法》第五十条规定，行政机关做出的要求当事人排除妨碍、恢复原状义务的行政决定，当事人逾期不履行，经催告仍不履行的，其后果已经或者将危害交通安全、造成环境污染或者破坏自然资源的，行政机关可以代履行，或者委托没有利害关系的第三人代履行。实施代履行的前提条件之一是行政机关应当先作出过要求相对人排除妨碍、恢复原状等义务的行政决定。

3. 代履行需要遵守相关的程序要求。按照《中华人民共和国行政强制法》第五十一条的规定，代履行应当遵守4个程序和步骤：（1）作出并送达代履行决定书，代履行决定书应当载明行政相对人的姓名或者名称、地址，代履行的理由和依据、方式和时间、标的、费用预算以及代履行人。（2）催告代履行3日前，应催告行政相对人履行，如果行政相对人履行的，则停止代履行。（3）实施代履行时，作出决定的行政机关应当指派工作人员到场监督。（4）制作代履行执行文书。代履行完毕，行政机关到场监督的工作人员、代履行人和行政相对人或者见证人应当在执行文书上签名或者盖章。

编写人：贵州省清镇市人民法院　罗光黔　饶周琴

第三章　环境民事案件

22

曾某某与重庆某置业公司噪声污染责任纠纷案

（开发建设单位已履行法定义务，购房人应当负举证责任）

（一）首部

1. 裁判文书字号

一审判决书：重庆市渝北区人民法院（2019）渝0112民初11964号民事判决书

二审判决书：重庆市第一中级人民法院（2020）渝01民终313号民事判决书

2. 案由：噪声污染责任纠纷。

3. 诉讼双方

原告（上诉人）：曾某某。

委托诉讼代理人：王某某（系曾某某配偶）。

委托诉讼代理人：张某某，北京市某律师事务所律师。

被告（被上诉人）：重庆某置业公司。

法定代表人：郑某，董事长。

委托诉讼代理人：吴某某，该公司员工。

4. 审级：二审。

5. 审判机关和审判组织

一审法院：重庆市渝北区人民法院。

合议庭组成人员：审判长，陈果；人民陪审员，乔刚、邓伟。

二审法院：重庆市第一中级人民法院。

合议庭组成人员：审判长，张力；审判员，李立新、吴长渝。

6. 审结时间

一审审结时间：2019 年 11 月 15 日。

二审审结时间：2020 年 4 月 22 日。

（二）一审诉辩主张

1. 原告诉称

2014 年 2 月 14 日，原、被告签订房屋买卖合同，原告购买被告开发的位于重庆市渝北区某街道某西路 2 号某城国际二区 4 幢某号商品房。由于该房屋噪声防护措施不足，室内因道路交通噪声污染严重，原告及其家人入住后无法正常休息。为此来院起诉，请求：（1）被告采取安装噪声防护墙等措施消除交通运输噪声对原告的影响；（2）被告赔偿原告精神损失费 1 元。

2. 被告辩称

（1）被告不是本案适格主体，原、被告之间只是合同关系，原告以侵权为由提起诉讼，承担侵权责任的主体应是实施侵害行为的主体，本案噪声源为交通运输，该噪声不是被告制造、排放，被告不是侵权人；（2）涉案房屋已经通过环保等专项验收以及竣工验收，该房屋不存在缺陷，被告不存在违约行为，原告的诉讼请求、事实及理由均不能成立；（3）涉案道路没有进行规划审批，造成涉案小区与道路距离较近的责任不应由被告承担。综上，请求驳回原告的诉讼请求。

（三）一审事实和证据

经重庆市渝北区人民法院公开审理查明：2014 年 2 月 14 日，以曾某某为买方（乙方），被告为卖方（甲方），签订《重庆市商品房买卖合同》，约定乙方购买甲方开发的位于重庆市渝北区某街道某西路 2 号某城国际二区 4 幢某号商品房，户型为三室二厅，层高为 3.1 米，该商品房所在幢的楼层共计 7 层，交房日期为 2015 年 1 月 2 日前。该合同及附件均未约定该房屋与某大道、某路的距离，以及涉案房屋环境噪声限值或环境噪声评价标准。原告于 2015 年 12 月接房，并于 2017 年 7 月入住。

2018 年 10 月 7 日，某城国际二区业主向重庆网络问政平台投诉该小区受某大道、某路交通运输噪声污染，要求相关部门修建隔音屏。2018 年 10 月 10 日，重庆市渝北区城市管理局作出回复：经核实，投诉人投诉情况基本属实，经调查，某大道属城市主干道，在城市交通干线道路区域（4 类）噪声标准值为昼间 70 分贝、夜间 55 分贝，经研究，该路段不适宜安装声屏障而适宜安装隔声窗，原因有二：一是因城市景观要求，目前隔音屏主要安装在高速路、快速路段，某大道属城市主干路，安装隔音屏或降噪隧道会影响城市景观，安装隔音屏仅对低层住户有效，某大道沿线基本为高层建筑，修建隔音屏无法有效解决声音向上传播的问题；二是某大道沿线周边建筑晚于道路形成，根据重庆市“宁静行动”方案和《重庆市环境噪声污染防治办法》相关规定，应按照后建服从先建的原则，由临街居民或某城国际小区开发商自行或配套安装隔音窗。鉴于上述情况，提出两点建议，一是由渝北区交巡警支队严格执法，减少汽笛声对周边市民的影响；二是临街居民可将窗户玻璃更换为中空隔音玻璃或真空隔音玻璃，也可督促开发商将临街窗户玻璃更换为中空隔音玻璃或真空隔音玻璃，有效降低噪声带来的影响。

重庆市渝北区生态环境监测站受重庆市渝北区环境行政执法支队委托，于2018年7月31日至8月1日对某城国际二区的环境噪声进行监测，并于2018年8月2日作出渝北环（监）字〔2018〕第WT086号《监测报告》。该报告载明监测方法（依据）为《声环境质量标准》（GB3096－2008）；监测频次为监测小时值，监测一天；监测点有两个，一个位于4幢1单元1－1号房屋室内主卧（距某大道16米），一个位于6幢1单元3－2号房屋室内生活阳台（距某大道22米）；4幢1单元1－1号房屋主要声源为交通，6幢1单元3－2号房屋主要声源为交通、蝉鸣；监测结果为4幢1单元1－1号房屋昼间等效声级（Ld）为52.9dB（A）、夜间等效声级（Ln）为45.5dB（A），6幢1单元3－2号房屋昼间等效声级（Ld）为61.5dB（A）、夜间等效声级（Ln）为53.1dB（A）。该次监测在开窗情况下进行，某城国际二区业主代表、物业管理工作人员参与了监测。

某城国际二区M1幢系8幢、M2幢系7幢、M3幢系6幢、M4幢系5幢、M5幢系4幢，4幢、5幢、6幢、7幢、8幢依次并列与某大道平行，8幢、9幢并排与某路平行。4幢至8幢每幢均7层（高度约21米）、设有3个单元（其中1单元紧邻某大道，2单元位于1单元与3单元中间）、结构为一梯两户（其中1单元1号房紧邻某大道，2号房与某大道之间间隔1号房）、1单元1号房卧室窗户开设在与某大道相邻外墙两侧。涉案房屋窗户安装了双层玻璃。

经本院函询重庆市渝北区规划和自然资源局，该局于2019年10月8日作出复函，载明某大道双向四车道、路幅宽度为32米，某路双向两车道、路幅宽度为16米，至今上述两条道路尚未办理建设工程规划许可证。依据《重庆市城市规划管理技术规定》对某城国际二区商品房退让道路最小距离进行审批，该小区商品房建筑计算高度小于60米，退让某大道道路边线最小距离为3米，退让某路道路边线最小距离为2米。

另查明，2010年12月，重庆大学受被告委托作出《某城国际二区项目环境影响报告书（报批版）》，载明了评价标准、评价范围、工程概况、工程分析、区域环境概况、环境质量现状评价、环境影响识别、环境影响预测评价、电磁环境影响评价、生态环境影响、环境保护措施、居住环境适宜性、规划及产业政策符合性、平面布局及选址合理性等内容。其中，环境影响预测评价部分分析了服务期外环境（主要指某大道和周边小区公路交通噪声）对拟建工程的影响（特别是交通噪声的影响），H3幢、M1－M5幢住宅楼距某大道（车行道24

米）路肩 20 米，道路中期（2020 年）对 M1 - M5 幢 1 层、3 层、5 层、7 层噪声预测值表明：在该项目不采取噪声防治措施的情况下，某大道交通噪声对 M1 - M5 幢临路一面房间在开窗条件下，各楼层昼间噪声满足 4a 类标准，但不满足 2 类标准，夜间噪声部分不满足 4a 类标准，全部不满足 2 类标准；为缓解交通噪声影响，建议调整房间布局，将临公路住宅楼卧室、书房布置在远离道路一侧的房间，结合建筑节能，临路面窗户建设为外飘窗，并采用塑钢双层空心玻璃窗户或塑钢中空玻璃窗户，沿公路人行道一侧建设高 3 米、宽 10 米的常绿植物绿化带可降噪 3dB（A），单面厚度为 5 毫米的双层玻璃窗户可以隔声 30dB（A）。2011 年 1 月 17 日，重庆市渝北区环境保护局作出渝北环准〔2011〕7 号《重庆市建设项目环境影响评价文件批准书》，批准某城国际二区项目在渝北区某新城 33 号、34 号地块建设，对该项目设计、施工、营运提出了具体要求，并特别要求临街或临道路住宅窗户必须使用节能隔声窗，防治临街面的交通噪声污染，该项目房屋在销售时必须对声环境质量、周边环境状况进行公示，以便购房者了解项目建成后的环境状况。

2011 年 8 月 12 日，重庆市规划局向被告颁发建字第 500112201100122 号《建设工程规划许可证》，附页载明了某城国际二区建设地点，M1 - M13 幢建设指标、具体要求等内容。2015 年 10 月 26 日，某城国际二区项目通过了建设项目竣工环境保护验收。该验收批复载明的监测报告表明监测项目为经生化池处理前、后的废水。

再查明，《重庆市城市规划管理技术规定》适用于本市城市、镇规划区内的详细规划编制，以及本市城市、镇规划区内国有土地上的各类建设项目的规划管理；附录名词解释规定城市道路为在城市规划区内供车辆、行人通行的，具备一定技术条件的道路、桥梁、隧道及其附属设施，是城市市政管线工程设置的载体；道路控制边线为规划的城市道路路幅的边界线，是道路用地与其他规划用地的分界线。《声环境质量标准》（GB3096 - 2008）规定了五类声环境功能区的环境噪声限值及测量方法，适用于声环境质量评价与管理，交通干线是指铁路（铁路专用线除外）、高速公路、一级公路、二级公路、城市快速路、城市主干路、城市次干路、城市轨道交通线路（地面段）、内河航道。

在审理过程中，原、被告均同意重庆市渝北区生态环境监测站监测的环境噪声数据适用于涉案房屋。原告陈述 1 单元 1 号房屋外墙距某大道约 11 米，8 幢房屋外墙距某路4 - 5 米。

上述事实有下列证据证实：

（1）原告提供

①重庆市商品房买卖合同，证明原告购买被告开发建设的涉案房屋，该小区属于噪声敏感建筑物，被告依法负有采取防噪措施的义务，原、被告主体适格；

②重庆网络问政平台回复，证明该小区晚于某大道建设，原告等业主受交通运输噪声侵

权的事实，被告应当按照国家规定采取减轻、避免交通运输噪声的措施；

③监测报告，证明该小区受到交通运输噪声影响，该噪声不符合国家规定标准；

④照片6张，证明涉案房屋与某大道、某路的相关情况；

⑤暂住登记凭证，证明王某某、朱某某居住于涉案房屋；

⑥门诊病历，证明王某某、朱某某因交通运输噪声污染而遭受损害。

（2）被告提供

①《某城国际二区项目环境影响报告书（报批版）》、重庆市建设项目环境影响评价文件批准书，证明经监测，该小区昼、夜间交通运输噪声均满足4a类标准，不存在噪声污染的情况；

②重庆市渝北区建设项目竣工环境保护验收批复，证明涉案房屋通过环境保护验收；

③建设工程规划许可证，证明涉案房屋办理规划审批手续，并按照规划要求进行施工；

④合同2份，证明涉案房屋安装了双层玻璃。

（四）一审判案理由

重庆市渝北区人民法院经审理认为：环境系人类赖以生存和持续发展的基本条件，一切单位和个人都有保护环境的义务，对污染环境造成损害的应当承担侵权责任。本案的争议焦点在于被告是否履行了《中华人民共和国环境噪声污染防治法》第三十七条规定的义务、原告是否遭受交通运输噪声污染。

1. 关于被告是否履行了《中华人民共和国环境噪声污染防治法》第三十七条规定的义务问题

《中华人民共和国环境噪声污染防治法》第三十一条规定，“本法所称交通运输噪声，是指机动车辆、铁路机车、机动船舶、航空器等交通运输工具在运行时所产生的干扰周围生活环境的声音”。第三十七条规定，“在已有的城市交通干线的两侧建设噪声敏感建筑物的，建设单位应当按照国家规定间隔一定距离，并采取减轻、避免交通噪声影响的措施”。第六十三条第（二）项规定，“‘噪声敏感建筑物’是指医院、学校、机关、科研单位、住宅等需要保持安静的建筑物”。虽然某大道、某路未办理建设工程规划许可手续，其建设、竣工时间无法查实，但被告委托编制的环境影响报告书分析了某大道交通运输噪声对涉案房屋的影响，也就是说被告在筹建涉案房屋时已清楚某大道相关情况（如建设地点、走向、路幅宽度等），根据日常生活经验，结合重庆网络问政平台回复内容，可以认定涉案房屋晚于某大道建设；而某大道属于交通干线，因此被告在某大道一侧开发涉案房屋应当履行上述法定义务。原告主张涉案房屋先于某路修建，但未举示相应证据，应承担举证的不利后果。关于被告提出其主体不适格的意见，本院认为，原告购买被告开发建设的涉案房屋，被告依法应当采取降噪隔声的措施，并向原告交付符合国家标准的房屋，在原告认为涉案房屋受噪声影响的情况下，可以选择以违约或侵权主张权利，现原告以被告未履行该法定义务为由提起诉讼，故该意见本院不予采纳。

本案中，涉案小区取得建设工程规划许可证，规划部门也对该商品房退让道路边线的最小距离进行了审批，结合环境影响报告书载明的距离，以及原告在庭审中自认的距离，足以认定涉案小区退让道路的距离符合相应技术规定。同时，被告开发建设的涉案房屋安装了双层玻璃，根据环境影响报告书，该方式能有效隔声，因此被告履行了《中华人民共和国环境噪声污染防治法》第三十七条规定的义务。

2. 关于原告是否遭受交通运输噪声污染问题

《中华人民共和国环境噪声污染防治法》第二条规定环境噪声是指在工业生产、建筑施工、交通运输和社会生活中所产生的干扰周围生活环境的声音，环境噪声污染是指所产生的环境噪声超过国家规定的环境噪声排放标准，并干扰他人正常生活、工作和学习的现象。从该条规定可看出，环境噪声污染的构成要件为“超标” + “扰民”，只有同时具备上述两个条件，才构成环境侵权。“扰民”即超出一般的容忍限度，关于何种程度的环境噪声达到这一限度，国家对不同的场所规定了相应的标准。

本案中，虽然双方同意重庆市渝北区生态环境监测站的监测数据适用于涉案房屋，但该次监测的依据为声环境质量标准，而该标准适用于声环境功能区的声环境质量评价与管理，因此该报告仅反映出该声环境功能区的交通运输噪声在受监测时间、受监测地点的情况，并不能反映出该噪声到达涉案房屋时的具体数值，关于交通运输噪声对原告的影响是否超出一般容忍限度仍需经监测进行确认，在庭审中原告不申请对涉案房屋的交通运输噪声进行监测，亦未举示其他证据证明涉案房屋环境噪声超标，因此原告对遭受交通运输噪声污染的事实并未举示充分的证据予以证实，应承担举证的不利后果。

（五）一审定案结论

重庆市渝北区人民法院依照《中华人民共和国环境噪声污染防治法》第二条，《中华人民共和国民事诉讼法》第六十四条第一款以及《最高人民法院关于适用〈中华人民共和国民事诉讼法〉的解释》第九十条之规定，作出如下判决：

驳回原告曾某某的诉讼请求。

（六）二审情况

1. 二审诉辩主张

原审原告不服，提出如下上诉理由：被上诉人安装双层玻璃的目的是隔光而非隔音，涉案房屋与某大道的距离未达到法定要求，被上诉人有义务降低噪声至国家允许范围；上诉人已举示双方认可适用于本案的监测报告，该报告载明噪声值超标，上诉人已尽到举证证明责任，要求：（1）撤销一审判决，改判支持上诉人的诉讼请求；（2）一审、二审案件受理费由被上诉人承担。

原审被告答辩称：被上诉人不是本案噪声的制造者和排放者，不是侵权主体；涉案房屋已经通过环评等专项验收，取得竣工验收备案登记，不存在缺陷；涉案小区相邻道路与小区距离较近的责任不能归属于被上诉人。

2. 二审事实和证据

重庆市第一中级人民法院对一审判决书认定的事实及所列证据予以确认。

3. 二审判案理由

重庆市第一中级人民法院认为，本案的争议焦点为：被上诉人对曾某某是否构成噪声污染侵权。

本案涉案房屋系噪声敏感建筑物，修建于交通干线某大道建成之后，上诉人认为被上诉人未尽到交通噪声防治的法定义务而构成侵权。对此，重庆市第一中级人民法院评述如下：

（1）关于被上诉人防治交通噪声的法定义务内容

为避免交通运输工具运行时产生的声音超过国家标准并干扰周围生活环境，《中华人民共和国环境噪声污染防治法》等法律及相关规范要求责任主体以声源控制和传声途径控制两种方式进行防范和治理，涉及的责任主体包括地方各级政府及职能部门、机动车的生产者及销售者、交通运输工具的使用者、噪声敏感建筑物的建设单位等。根据责任主体的不同，法律对其科以的义务种类不同，包括合理布置声源位置、抑制和减少噪声产生、削弱传声、被动防护等，具体义务内容包括但不限于合理规划布局、加强交通运输管理、提高交通运输工具的生产设计水平、设置声屏障、合理利用地貌及绿化带隔声、设置隔声降噪设施等。

具体到本案被上诉人，其应履行的防治交通噪声法定义务主要包括：1. 建筑布局符合国家规划要求；2. 按照国家规范标准进行设计和建设；3. 采取隔声降噪措施等。

（2）被上诉人是否履行其防治交通噪声法定义务

曾某某在一审庭审中称被上诉人未履行的防噪义务并非设计或建设质量不符合相关规范，其认为被上诉人违反《中华人民共和国环境噪声污染防治法》第三十七条的规定，涉案建筑布局不符合国家规划要求，且被上诉人未采取隔声降噪措施。重庆市第一中级人民法院围绕其上诉理由分析如下：

①关于涉案建筑布局是否符合国家规划要求的问题

根据我国城乡规划相关法律法规的规定，涉案房屋的规划布局应受城乡规划主管部门的监督，故建设单位在建筑布局的防噪义务，主要通过行政许可程序实现。如一审法院所述，综合《某城国际二区项目环境影响报告书（报批版）》、《重庆市渝北区规划和自然资源局关于李某亮等案调查取证的复函》及当事人的陈述等证据，可以认定涉案房屋所在建筑退让某大道的距离超过《重庆市城市规划管理技术规定》所要求的3米，结合涉案房屋所在项目取得《建设工程规划许可证》并通过竣工验收程序，在曾某某未举示相反证据的情况下，本院认定涉案房屋的建筑退让距离符合国家标准，被上诉人的建筑布局符合国家规划要求。

②关于被上诉人是否采取隔声降噪措施的问题

为减少交通运输声音的干扰，保障涉案房屋的居住功能，被上诉人在拟建项目前委托重庆大学环境影响评价研究室作出《某城国际二区项目环境影响报告书（报批版）》，该报告参照重庆市某新城规划，综合车流量、车速、车型比、坡度、道路材质、建筑每层层高等参数，预测了涉案项目住宅楼受影响的声音分贝值，并提出改善建议。被上诉人根据报告建议，设置了双层玻璃窗，涉案项目完工后通过了建设项目竣工环境保护验收。据此，本院认为被上诉人在建设涉案项目时已经履行了法定义务，并得到行政主管部门的认可，在本案中不宜要求被上诉人承担更多义务，理由如下：其一，《中华人民共和国环境噪声污染防治法》第三十七条规定了在已有城市交通干线的两侧建设噪声敏感建筑物的，建设单位应当采取减轻、避免交通噪声影响的措施，如无特别约定，上述义务应当是合理的、可预测范围内的。车流量、车型比、车速等系影响涉案房屋所处声环境交通噪声的主要变量，且非被上诉人所能控制，重庆大学环境影响评价研究室针对上述变量，对涉案项目在2020年内可能受到的影响作出专业预测，被上诉人采纳了专业意见并采取了隔声措施，已经尽到了合理的关注义务；被上诉人以相关法律及规范为指引依据采取防护措施，对其行为后果作出了“已履行法定义务”的预测，该预测结果因行政机关的验收行为得到认可，对于实际可能增加的声音影响，已经超出了被上诉人的合理注意和预测范围，要求被上诉人对未来不受其控制的声环境变化承担义务，有悖于情理，亦有损法律预测作用的发挥。其二，如前所述，交通运输噪声防治的责任主体众多，而被上诉人不是交通运输噪声的直接排放者，要求其对他人行为后果承担超出合理范围的义务，有失公允。故本院认为被上诉人已经采取隔声降噪措施，并尽到其法定义务。

综上，被上诉人未对曾某某实施噪声污染侵权行为，上诉人曾某某的上诉请求不能成立，应予驳回；一审法院认定事实清楚，适用法律正确，审判程序合法，判决结果正确。

4. 二审定案结论

重庆市第一中级人民法院依照《中华人民共和国民事诉讼法》第一百七十条第一款第（一）项之规定，作出如下判决：

驳回上诉，维持原判。

（七）解说

随着土地资源的稀缺、城市化进程的加快，在高速公路、城市主干道、城市轨道交通线路等交通干线两侧修建住宅日益普遍，因交通运输噪声引发的环境侵权纠纷急剧增加。本案中，结合城市规划管理技术规定、住宅规划设计、环境影响评价文件、住宅修建情况等，综合分析该住宅的开发建设单位是否履行了《中华人民共和国环境噪声污染防治法》第三十七条规定的义务。在开发建设单位履行该义务的情况下，购房人应当举证证明其室内环境噪声超过国家标准，否则其诉讼请求不能成立，不应得到支持。本案的审理，对妥善处理此类纠纷具有重要借鉴作用。

编写人：重庆市渝北区人民法院　陈果

23

熊某某与重庆某医院、重庆某传媒公司环境污染责任纠纷案

（光污染中容忍义务的合理限度为国家、地方或者行业标准中规定的光的相应指标限值）

（一）首部

1. 裁判文书字号

重庆市渝北区人民法院（2019）渝0112民初11588号民事判决书

2. 案由：环境污染责任纠纷。

3. 诉讼双方

原告：熊某某。

委托诉讼代理人：鲁某，重庆某律师事务所律师。

委托诉讼代理人：幸某，重庆某律师事务所律师。

被告：重庆某医院。

法定代表人：刘某某，院长。

委托诉讼代理人：邱某，重庆某律师事务所律师。

委托诉讼代理人：唐某，重庆某律师事务所律师。

被告：重庆某传媒公司。

法定代表人：管某。

委托诉讼代理人：邱某，重庆某律师事务所律师。

委托诉讼代理人：唐某，重庆某律师事务所律师。

4. 审级：一审。

5. 审判机关和审判组织

审判机关：重庆市渝北区人民法院。

合议庭组成人员：审判长，陈果；人民陪审员，王先蓉、刘运祥。

6. 审结时间：2020 年 6 月 10 日。

（二）诉辩主张

1. 原告诉称

原告系出租车司机，夜班运营时经常往返机场高速路。2017 年，重庆某医院（捷尔医院）在其大楼外墙安装了一块面积超过400m^2的大型电子显示屏，该显示屏正对机场高速路来车方向，于2017 年底开始投运广告。在夜间，该显示屏光线刺眼，广告画面不断切换，原告每次夜间开车经过时，行车视线均受到强光以及不断变换画面干扰，很难观测到实时路况，对原告本人及乘客行车安全造成严重隐患，因此被告设置的电子显示屏已构成光污染，光污染对人体眼睛、生态环境的危害也被环境科学界所认可。为确保原告行车安全，维护原告合法权益，诉至法院，请求：（1）被告对位于渝北区机场高速路重庆某医院的户外电子显示屏，安装设置“具备按照日照强度变化，调节显示亮度”的功能；（2）被告对位于渝北区机场高速路重庆某医院户外电子显示屏，就其亮度、播放方式予以调整，排除该户外电子显示屏对原告造成的道路交通驾驶隐患及光污染侵害，具体为：夜间平均亮度最大值不超过400cd/m^2，对驾驶员产生眩光的阈值增量不大于15%，涉案显示屏不得播放活动画面，原则上每个固定画面的播放时间应当大于等于15 秒，画面切换应采取慢转换方式。

2. 被告辩称

被告重庆某医院辩称，原告没有举证证明涉案显示屏存在光污染、原告受到损害以及二者之间存在关联性，其主张的诉讼请求没有事实及法律依据，原告提起诉讼具有不正当目的，也是滥用诉权的行为。

被告重庆某传媒公司辩称，涉案显示屏系合法设置，不存在光污染问题，原告也未举证证明损害后果及其原因，显示屏到处都有，原告针对涉案显示屏提起诉讼，有炒作的嫌疑。

（三）事实和证据

经重庆市渝北区人民法院公开审理查明：原告熊某某系出租车驾驶员。2016 年 4 月，重庆某医院（甲方）与重庆某传媒公司（乙方）签订《重庆日报户外健康教育 LED 阅报屏建设和运营合同》，约定甲方同意将住院楼建筑物朝向机场高速路入城方向的外墙面作为重庆日报户外健康教育 LED 阅报屏的设置位置，乙方拥有该屏的经营权和所有权，设置类型为P10 户外全彩 LED 显示屏，设置规格为 24 米 ×18.85 米，亮屏时间为 14 小时/天，即 8：00 至 22:00，合作期限为 5 年。

2015 年 5 月，重庆某传媒公司开始建设涉案显示屏。该显示屏长 24 米、宽 18.85 米，朝向机场路进城方向，于2016 年 5 月建成并投入使用，由重庆某传媒公司进行运营，播放公益广告与商业广告，广告形式均系固定画面，画面切换频率未固定。

另查明，涉案显示屏周围无居民住户，与机场路进城方向之间无遮挡物，安装的位置高于机场路，所在楼栋与机场路间系斜坡，机场路安装有照明路灯。

在审理过程中，原告申请对涉案显示屏夜间平均亮度最大值及对驾驶员产生眩光的阈值增量进行鉴定，由于市内没有相应司法鉴定机构，渝北区人民法院要求双方限期提供能进行此项鉴定的司法鉴定机构或检测机构。原告在指定期限内提供重庆市计量质量检测研究院的资质认定证书，经渝北区人民法院走访，该院具有检测涉案项目的资质。经渝北区人民法院委托，该院于 2019 年 12 月 2 日作出《情况说明》，载明基于以下两个原因无法受理渝北区人民法院委托的检测申请：一是《城市夜景照明设计规范》（JGJ/T163－2008）对广告与标识的平均亮度最大值、眩光的阈值增量有相应的技术要求，但无相应的测试方法，对测量时亮度计的位置和高度、与被测显示屏的距离、与水平面的角度均未作规定；二是无法明确和调节 LED 电子显示屏的测试状态，即测试时显示屏的颜色、亮度等状态。经渝北区人民法院联系，广州赛西光电标准检测研究院有限公司可以进行相应检测，经释明，原告表示不再申请检测。

在审理过程中，重庆某传媒公司陈述涉案显示屏距机场路入城方向路肩约 40 米，距机场路路面的高度约 40 米；通常情况下，该显示屏于 8：30 开启，22：30 关闭，在有特殊宣传任务时，关闭时间会延后。

（四）判案理由

重庆市渝北区人民法院经审理认为：环境系人类赖以生存和持续发展的基本条件，保护环境是我国的基本国策，一切单位和个人都有保护环境的义务。根据《中华人民共和国侵权责任法》第六十六条及《最高人民法院关于审理环境侵权责任纠纷案件适用法律若干问题的解释》第六条的规定，在环境污染责任纠纷案件中，原告应对被告排放了污染物、原告遭受了损害，以及二者之间具有关联性承担举证责任。本案争议焦点在于原告主体是否适格、被告是否实施了光污染行为。

（1）关于原告主体是否适格问题

《中华人民共和国民事诉讼法》第一百一十九条规定原告提起诉讼的条件之一是“与本案有直接利害关系”，因此只有为保护自己的民事权益而提起诉讼的人，才是本案的合格原告。例如，在排除妨碍诉讼中，与本案有直接利害关系的原告，是认为其民事权益受到侵害而主张侵权人承担排除妨碍责任的公民、法人和其他组织。本案中，原告认为通过涉案路段时受该显示屏影响而提起诉讼，因此其与本案是否具有直接利害关系应当从原告是否驾车通过涉案路段、通过是否合理、通过的频率等方面进行判断。一方面，被告重庆某传媒公司在重庆某医院住院楼外墙设置并运营的电子显示屏朝向机场高速路入城方向，机场高速路系连接重庆江北国际机场、两路城区与主城区的重要通道，导致公众可能认为受该显示屏影响的驾驶员人数众多且不特定，本案诉讼具有较强的社会公益性，但具有社会公益性的纠纷并不限制或者排除受害者或有受害危险的单位或个人提起私益诉讼的权利。另一方面，虽然《巡游出租汽车经营服务管理规定》规定巡游出租汽车经营活动的起点或终点应在许可经营区域，但《重庆市出租汽车客运管理办法》将经营区域划分为主城区与主城区外所在营运区域，也就是说重庆主城九区系同一运营区域，而原告作为主城区巡游出租车驾驶员，可以在包括涉案路段在内的主城九区内自由营运，根据江北机场旅客吞吐量情况、机场高速路的路网特点，结合日常生活经验，可以认定原告在运营过程中会通过涉案路段，而且该通过行为不是偶然的、不合理的，通过频率也不会是较低的，因此本案原告主体适格。

（2）关于被告是否实施了光污染行为问题

虽然现行法律法规未规定光污染的认定，但光污染作为一种新类型环境污染，对于此类不可量物是否污染环境，应当依据国家标准、地方标准、行业标准，结合是否干扰他人正常生活、学习和工作，以及是否超出社会公众一般的容忍限度进行综合认定。《城市夜景照明设计规范》（JGJ/T163－2008）规定光污染是指干扰光或过量的光辐射（含可见光、紫外和红外光辐射）对人、生态环境和天文观测等造成的负面影响的总称；《LED 显示屏干扰光评价要求》（GB/T36101－2018）适用于 LED 显示屏对居民和机动车驾驶人员的夜间干扰光的评价，规定干扰光是指 LED 显示屏的亮度、色度、画面切换速度等引起的人的不舒适感觉或视觉功能下降的光。从前述标准可看出，光污染以对他人造成不利影响为构成要件。众所周知，电子显示屏等显示装置须发出亮光才能正常工作，该亮光可能对他人造成不利影响。这种不利影响的认定，不仅要求产生的亮光在形式上影响到他人，更要求对他人的影响在程度上超出社会公众的一般容忍限度，关于何种程度的光达到这一容忍限度，国家、地方或者行业标准在借鉴国际标准及广泛征求意见基础上规定了光的相应指标限值，这些标准可以作为认定社会公众一般容忍限度的依据。

本案中，被告重庆某传媒公司设置、运营涉案电子显示屏并播放固定画面广告，该显示屏在工作时必然会发出亮光，虽然原告申请检测涉案显示屏夜间平均亮度及对驾驶员产生眩光的阈值增量，但检测单位因客观原因而未受理，渝北区人民法院查找、联系有资质检测单位后，原告明确表示不再进行检测，因此原告未举示证据证明涉案显示屏相应指标值超出相关标准的限值，故根据本案现有证据，无法认定该显示屏产生的亮光超出了社会公众的一般容忍限度，被告重庆某传媒公司并未实施光污染这一环境污染行为。

（五）定案结论

重庆市渝北区人民法院依照《中华人民共和国侵权责任法》第六十六条，《最高人民法院关于审理环境侵权责任纠纷案件适用法律若干问题的解释》第六条，《中华人民共和国民事诉讼法》第六十四条第一款，《最高人民法院关于适用〈中华人民共和国民事诉讼法〉的解释》第九十条之规定，作出如下判决：

驳回原告熊某某的诉讼请求。

（六）解说

本案系渝北区人民法院受理的首件光污染案件，一审判决后，原被告双方均未上诉。光污染是一种新类型环境污染，现行法律法规均未规定光污染的定义、构成要件及评价标准。本案的审理在如何确定光污染容忍义务的合理限度、涉及社会公益性纠纷中如何认定原告的主体资格方面具有借鉴意义。

在学理上，光被看作一种不可量物，容忍义务是在不可量物的侵扰中寻求相邻权人之间权利与义务平衡的关键，也即在何种情形下需要容忍，什么是合理限度，要不要救济以及如何救济。本案中，综合考虑LED显示屏的设置方向、大小、与机场高速路路肩的距离、与路面的高度、运营时间、周边情况（包括住户、遮挡物、路灯照明等），综合判断LED显示屏对来往车辆的影响，认为来往车辆具有忍受不超出容忍限度侵扰的义务。在此前提下，确定本案光污染中容忍义务的合理限度为国家、地方或者行业标准中规定的光的相应指标限值。

同时，本案中LED显示屏的侵害对象是不特定的多数人，由于涉及公共道路，还具有社会公益性。因此，如何认定本案原告的主体资格也是处理案件的关键。本案认为，具有社会公益性不应当成为排斥单位和个人提起私益诉讼的理由，关键在于具有社会公益性的客体是否与起诉主体有直接的利害关系。本案通过考虑原告是否驾车通过涉案路段、通过的合理性及频率，综合认定原告因与本案有直接利害关系而成为适格主体。

编写人：重庆市渝北区人民法院　陈果　周晓惟敏

24

胡某某与重庆市某房地产公司、重庆市某区市政设施管理所、重庆市某区城市建设发展公司、重庆市某区市政园林水利管护中心水污染责任纠纷案

（污水管道管护机构未尽义务的，应依法承担环境污染或生态破坏的侵权责任）

（一）首部

1. 裁判文书字号

重庆市渝北区人民法院（2017）渝0112民初16296号民事判决书

2. 案由：水污染责任纠纷。

3. 诉讼双方

原告：胡某某。

委托诉讼代理人：陈某，北京某律师事务所律师。

委托诉讼代理人：秦某某，北京某律师事务所律师。

被告：重庆市某房地产公司。

法定代表人：喻某某，董事长。

委托诉讼代理人：何某某，该单位工作人员。

委托诉讼代理人：董某某，该单位工作人员。

被告：重庆市某区市政设施管理所（以下简称某区市政设施管理所）。

法定代表人：徐某某，主任。

委托诉讼代理人：韩某，重庆某律师事务所律师。

委托诉讼代理人：张某，重庆某律师事务所律师。

被告：重庆市某区城市建设发展公司（以下简称某区城建公司）。

法定代表人：蒲某某，党委书记、董事长。

委托诉讼代理人：邹某，重庆某律师事务所律师。

委托诉讼代理人：李某某，重庆某律师事务所律师。

被告：重庆市某区市政园林水利管护中心（以下简称某区管护中心）。

法定代表人：王某某。

委托诉讼代理人：付某，重庆某律师事务所律师。

委托诉讼代理人：郭某某，重庆某律师事务所律师。

4. 审级：一审。

5. 审判机关和审判组织

审判机关：重庆市渝北区人民法院。

合议庭组成人员：审判长，陈果；人民陪审员，刘朝利、王先荣。

6. 审结时间：2018 年 11 月 16 日。

（二）诉辩主张

1. 原告诉称

原告于 2002 年 3 月 28 日承包大竹林镇黑沟水库，并于 2004 年 4 月 5 日设立水产养殖场，该养殖场于 2007 年 3 月 23 日前被准许经营水产种苗。被告重庆市某房地产公司开发建设了位于盘溪路附近的“金科十年城”住宅小区，该项目附近的市政道路及设施由被告某区城建公司、某区市政设施管理所建设、管理。2017 年 7 月 14 日，因被告市政道路及设施建设不规范，雨水、污水及市政管网未能分流排放，导致地表直排，冲刷坡体，同时受强降雨影响，水量急剧增大，造成侧坡局部塌陷，导致生活污水直排入原告承包的鱼塘，水质受到污染，养殖鱼类死亡，给原告造成财产损失和潜在人身安全及财产损失风险，为此来院起诉，请求：（1）被告连带赔偿原告财产损失 111838.16 元；（2）被告对原告建筑物排除妨碍、消除危险，疏通完善市政管网出水口，清理冲刷到鱼塘边、鱼塘里的泥沙、石块、树木；（3）司法鉴定费 5000 元由被告负担。

2. 被告辩称

被告重庆市某房地产公司辩称，原告的起诉没有事实及法律依据，不应承担赔偿责任。虽然胡某某于 2014 年 5 月 23 日起诉重庆市某房地产公司、某区市政设施管理所、某区城建公司、罗某某等财产损害赔偿责任纠纷一案的生效判决认定重庆市某房地产公司在建设中将“金科十年城”小区污水管接入市政雨水管线导致管线溢水，最终流入原告鱼塘致使鱼类死亡，但已于 2015 年 6 月进行整改并得到某区市政设施管理所、某区城建公司的认可，“金科十年城”小区污水与雨水已分流排放，同时事发地点处于某区市政设施管理所与某区管护中心管理交界处，重庆市某房地产公司没有实施侵权行为，请求驳回原告的诉讼请求。

被告江北市政管理所辩称，原告所述的情况不属实，涉案市政管道雨污水分流排放；被告没有实施侵权行为，主体不适格，其管理维护污水管道在上游，某区管护中心管理维护管道在下游，系下游管道塌陷造成堵塞，倒灌回流其检查井并从该井生活污水管道排入原告鱼塘，申请追加某区管护中心为共同被告；原告遭受损失是因为当天江北区出现短时强降水、阵性大风等天气情况，该天气情况系不可抗力。综上，原告的诉讼请求缺乏法律依据，请求依法予以驳回。

被告某区城建公司辩称，“金科十年城”小区延长段的建设施工符合规划要求，原告诉称的建设不规范没有事实依据；该工程于2012年4月移交某区市政设施管理所，该事实已由生效判决书所确认。综上，某区城建公司不应承担责任。

被告某区管护中心辩称，对原告诉称损失的发生情况不清楚，追加被告申请书中载明的管道由某区市政设施管理所对接于某区管护中心管护管道，因此两江新区管护中心不应承担责任。

（三）事实和证据

经重庆市渝北区人民法院公开审理查明：2002年3月28日，原告与重庆市渝北区大竹林镇黑沟村村民委员会签订《黑沟村水库承包合同》，约定原告承包黑沟村水库30年，即自2002年10月31日至2032年10月31日。嗣后，原告在黑沟村水库周围修建了围墙，于2004年4月开始利用黑沟村水库投资经营某休闲山庄。

某区管护中心管护的市政管道先行建成，“金科十年城”小区附近市政管道接入前述管道。2017年7月14日，“金科十年城”小区附近市政管道污水从某市政设施管理所管护区域一洞口流出，流经村沟后冲刷黑沟村水库后侧坡体，造成该坡体局部滑塌，垮塌的坡体泥石、树木冲毁原告围墙、防腐木步道后流入该水库。经大竹林街道城市建设管理科勘查现场，发现生活污水地表直排、垮塌围墙长约6米。

另查明，该洞口已封堵。坡体垮塌期间，江北区发生强降雨天气。被告重庆市某房地产公司开发建设了位于江北区盘溪路附近的“金科十年城”住宅小区，该小区附近的市政道路及设施由江北城建公司于2012年移交某市政设施管理所进行管护，重庆市某房地产公司将“金科十年城”住宅小区污水管道接入上述市政雨水管道，后于2015年整改完毕。黑沟村水库周边土地（包括2017年7月14日滑坡区域）系胡某某承包范围。

在审理过程中，原告申请对其损失进行司法鉴定。重庆海特工程造价咨询有限责任公司作出渝海特〔2018〕工鉴字第06号《司法鉴定报告书》，载明该工程鉴定造价为111838.16元。为此，原告支付鉴定费5000元。被告某区市政设施管理所陈述不能确定某区管护中心管护管道发生塌陷导致污水从其管护管道溢出，“金科十年城”小区附近市政管道在某区城建公司移交前已与某区管护中心管护管道连通。

上述事实有下列证据证实：

（1）原告提供

①（2016）渝01民终3979号民事判决书、黑沟村水库承包合同、大竹林街道办事处出具的证明，证明原告系黑沟水库承包权利人，涉案路段处于重庆市某房地产公司、某区市政设施管理所、某区城建公司的共同建造、使用、管理下，重庆市某房地产公司开发的“金科十年城”小区生活污水曾流入原告鱼塘，致使原告鱼类大量死亡；

②现场检查笔录复印件及照片，证明被告生活污水排放不规范而流入原告鱼塘，给原告造成人身危害及财产损失；

③照片、情况报告（复印件），证明原告遭受的损失情况；

④某居委会出具的证明，黑沟水库周边的土地均系原告承包经营，某休闲山庄系胡某某以其妻子的名义投资经营；

⑤司法鉴定报告书，证明原告遭受财产损失111838.16元；

⑥鉴定费发票，证明原告支付司法鉴定费5000元；

⑦某休闲山庄租赁协议、非税收收入缴款书，证明被冲毁的土地、植物由胡某某承包经营，建筑物、构筑物等由胡某某投资建设。

（2）被告重庆市某房地产公司提供

（2014）渝北法民初字第09619号民事判决书、（2016）渝01民终3979号民事判决书，证明“金科十年城”小区接入雨水管道的污水管道已于2015年进行了整改，且整改完毕。

（3）被告某区市政设施管理所提供

①关于324人行天桥、盘溪路南桥寺人行天桥等18条市政道路工程移交协议（复印件）、2011年城建公司代管移交项目情况汇总，证明某区城建公司已于2012年4月11日将“金科十年城”延伸段道路工程移交某区市政设施管理所管理与维护；

②某区市政设施代管协议（复印件），证明某区市政设施管理所代管项目包括盘溪路“金科十年城”段污水管网1600米；

③（2016）渝01民终3979号民事判决书，证明胡某某办理水产种苗生产经营许可证已到期，没有经营鱼类垂钓业务的资质。

（4）被告某区城建公司提供

关于324人行天桥、盘溪路南桥寺人行天桥等18条市政道路工程移交协议（复印件），证明某区城建公司已于2012年4月11日将“金科十年城”延伸段道路工程移交某区市政管理所管理与维护。

（5）被告某区管护中心未提交证据

（四）判案理由

重庆市渝北区人民法院经审理认为：一切单位和个人都有保护环境的责任和义务，污染环境造成损害的，应当承担侵权责任。本案的争议焦点在于责任主体的确定及责任承担。

关于责任主体的确定问题。首先，虽然被告重庆市某房地产公司在开发建设“金科十年城”小区时将污水管道接入市政雨水管道，但在原告遭受本次损失前已整改完毕，该事实已由生效判决所确认，且在审理过程中原告也未举示相反的证据，也就是说重庆市某房地产公司并未实施侵权行为，不应承担责任。其次，被告某区城建公司在原告遭受本次损失前已建成涉案市政道路与设施，且已移交被告某区市政设施管理所管护，本案现有证据未反映出某区城建公司的市政设施不符合相关规范，也就是说某区城建公司没有实施侵权行为，不应承担责任。再次，虽然某区市政设施管理所辩称某区管护中心管护的管道发生塌陷、堵塞导致污水从其管护管道溢出，但在审理过程中没有举示相应证据，本案现有证据也未能反映出某区管护中心管护管道发生塌陷、堵塞，因此某区管护中心不应承担责任。最后，一方面，某区市政设施管理所管护管道后接入某区管护中心管护管道，在其管护前两段管道已连通；另一方面，市政污水从某区市政设施管理所管护管道溢出，流经村沟造成原告损失，因此某区市政设施管理所应承担责任。

关于责任承担问题。被告某区市政设施管理所辩称该区域发生强降雨天气，原告遭受损失系不可抗力，其不应承担责任。本院认为，《中华人民共和国民法总则》第一百八十条第二款规定：“不可抗力是指不能预见、不能避免且不能克服的客观情况。”本案中，虽然降雨等天气情况无法避免，但某区市政设施管理所应检查其管护管道以确保市政设施的完善与管道通畅，因此该意见本院不予采纳。关于原告要求赔偿损失的请求，原告申请进行司法鉴定，该次鉴定的程序合法，鉴定机构和鉴定人员均具备相应的鉴定资质，该司法鉴定意见可以作为认定本案损失的依据，因此被告某区市政设施管理所应赔偿原告损失111838.16元及鉴定费5000元。原告要求被告排除妨碍、消除危险，并明确该请求内容为疏通完善市政管网出水口，清理冲刷到鱼塘边、鱼塘里的泥沙、石块、树木，由于该洞口已封堵，且原告要求赔偿的损失已包括清理冲入水库的泥沙、石块、树木的费用，在被告支付该费用后原告应自行清理，故该请求本院不予支持。

（五）定案结论

重庆市渝北区人民法院依照《中华人民共和国侵权责任法》第六十五条，《中华人民共和国民事诉讼法》第六十四条第一款，以及《最高人民法院关于适用〈中华人民共和国民事诉讼法〉的解释》第九十条之规定，作出如下判决：

一、被告某区市政设施管理所（重庆市某区公共停车管理中心）于本判决生效之日起十日内赔偿原告胡某某损失 111838.16 元及鉴定费 5000 元；

二、驳回原告胡某某的其他诉讼请求。

（六）解说

本案涉及污水管道建设、管护职能部门在污水管道发生溢流，侵害他人合法权益的民事责任承担问题。污水管网作为重要的市政设施，承担将污水输送至污水处理厂，经处理达标排放至外环境的重要职能，污水管网的正常运行关系到生活污水有效治理、环境资源保护、人民群众生命财产安全等，管护部门作为污水管道的管护机构，具有对其管护的污水管道进行检查以确保管道的完善、通畅的义务，否则在污水溢出导致环境污染或生态破坏时，应依法承担侵权责任。本案中，原告起诉多个主体，但污水系从某区市政设施管理所管护的管道中溢出构成侵权，江北市政管理所才是侵权责任人。生活污水受降雨影响等可能流量增加，但结合案件事实可以认定某区市政设施管理所并未尽合理管护义务，对胡某某的损失负有不可推卸的责任，故判决其承担赔偿责任。该案判决对于污水管网的管护机构和人员履行合理管护义务具有警示意义，对维护长江流域生态环境安全具有积极的示范作用。

编写人：重庆市渝北区人民法院　陈果　周晓惟敏

25

李某某与重庆某置业公司大气污染责任纠纷案

（无法定或约定评价标准，噪声污染可依据案件
实际情况参照适用《社会生活环境噪声排放标准》来判定）

（一）首部

1. 裁判文书字号

重庆市渝北区人民法院（2019）渝0112民初13418号民事判决书

2. 案由：大气污染责任纠纷。

3. 诉讼双方

原告：李某某。

委托诉讼代理人：陈某，重庆某律师事务所律师。

委托诉讼代理人：周某，重庆某律师事务所律师。

被告：重庆某置业公司。

法定代表人：尹某，执行董事。

委托诉讼代理人：陈某某，该公司员工。

委托诉讼代理人：邵某，重庆某律师事务所律师。

4. 审级：一审。

5. 审判机关和审判组织

审判机关：重庆市渝北区人民法院。

合议庭组成人员：审判长，陈果；人民陪审员，秦兰、廖涛。

6. 审结时间：2019年11月29日。

（二）诉辩主张

1. 原告诉称

2017年10月17日，原告在被告处购买由其开发的名流印象二期商品房一套。2019年1月5日，被告通知原告验房时，原告发现被告将该小区公共卫生间建设于原告房屋厨房右

侧，且占地面积为32.2平方米，而原告厨房的面积不到10.56平方米。该卫生间紧邻原告厨房及窗户开口，而厨房作为原告做饭的唯一场所、生活的主要场所，与其切身利益密切相关，结合传统的社会道德和当地的生活习惯，该卫生间散发的刺激性气味、滋生有害物质等影响原告及其家人的日常生活及健康。经多次与被告协商均无果，被告也未停止非法侵害，为此来院起诉，请求被告立即将紧靠原告厨房右侧的公共卫生间拆除或更改用途，消除异味。

2. 被告辩称

涉案公共卫生间的修建经合法设计，经过行政部门审批、验收，是合法建筑，被告没有实施侵权行为；该卫生间修建在前，原告购房在后，双方签订的商品房买卖合同已明确标注了卫生间的位置，也就是说原告在购买涉案房屋时已认可该卫生间的存在；原告诉称的侵权行为并无具体明确的危害后果，原告所称的危害后果是基于观念的不同得出，并非法律意义上的危害后果；同时，涉案小区已交付全体业主使用，公共卫生间属于涉案小区公共区域，由物业公司负责管理，并未出现原告诉称的异味严重的情况，在小区业主装修入住后，实际使用该公共卫生间的人数将大量减少。综上，请求驳回原告的诉讼请求。

（三）事实和证据

经重庆市渝北区人民法院公开审理查明：2017年10月17日，以李某某为买方（乙方），被告为卖方（甲方），签订《重庆市商品房买卖合同》，约定乙方购买甲方开发的名流印象三号地块商品房，坐落于重庆市北碚区蔡家街道同荣路233号某幢某号，户型为二室二厅，该商品房所在幢的楼层共计26层，该商品房所在楼层物理层、名义层均为第1层，交房日期为2019年4月30日前。该合同附图即名流印象二期工程×号楼第1层平面图显示一个卫生间与涉案房屋共用墙、一个卫生间与该房屋间隔过道。原告尚未办理该房屋的接房手续。

原告向重庆市北碚区规划和自然资源局申请信息公开，该局于2019年8月22日作出《关于李某某申请政府信息公开有关问题的复函》，向其公开名流印象小区×－×号楼、×号楼竣工规划核实测量报告的附图。×号楼第1层平面图显示该楼栋内设置有两个公共卫生间，一个紧邻涉案房屋，一个在涉案房屋生活阳台对面（二者间建设有飘窗）。

经本院函询重庆市北碚区规划和自然资源局，该局于2019年9月25日作出复函，载明该局依据《重庆市城乡规划条例》《重庆市城市规划管理技术规定》对建设项目设计方案进行审查，其中建筑间距是指相邻建筑外墙面最近点之间的距离，公共卫生间和住宅为同一栋建筑内部的不同功能房间，在规划审查要求中无间距要求。建字第500109201700006号《建设工程规划许可证附页》载明×－×号楼、×号楼配套设施面积为173.18平方米，其中公共卫生间28.24平方米。

另查明，2019年8月23日，本院组织双方当事人勘查现场，涉案房屋所在楼层建设有两个公共卫生间，其中男卫生间（面积约9.73平方米）与涉案房屋厨房共用墙，女卫生间（面积约14.8平方米，门朝向涉案房屋厨房外墙）与涉案房屋生活阳台平行，二者外墙之间（现状为公共通道）距离为118厘米。名流印象二期规划×号楼为涉案楼栋，涉案公共卫生间由物业公司安排人员进行清洁管理。

上述事实有下列证据证实：

（1）原告提供

①重庆市商品房买卖合同，证明原告购买被告开发建设的涉案预售商品房，该合同附件平面图并未标注公共卫生间，在购买该房屋时，被告也未告知相应情况，被告在销售该房屋时存在隐瞒该公共卫生间的事实；

②光盘、照片，证明原告于2019年1月5日去验房时才发现该卫生间，排风扇位置和卫生间窗户开口朝向距离原告厨房、生活阳台、客厅窗户很近，影响了原告的生活质量和心理健康；

③照片，证明被告将名流印象一期的公共卫生间建设于居住区域以外的单独建筑物内；

④名流印象二期规划图、竣工规划核实测量报告、楼层平面图、×号楼规划图，证明被告在规划时就设计有卫生间，但未将该情况告知原告，存在恶意隐瞒行为；

⑤复函、竣工图，证明涉案房屋实际建筑与竣工图不符，过道位置显示为飘窗，但实际建设为公共通道，导致公共卫生间的异味扩散。

（2）被告提供

重庆市商品房买卖合同的附图，证明原告该合同附图标注了卫生间，原告在附图上捺印，原告在购买涉案房屋时已了解卫生间的情况。

（四）判案理由

重庆市渝北区人民法院经审理认为：环境系人类赖以生存和持续发展的基本条件，一切单位和个人都有保护环境的义务。根据《中华人民共和国侵权责任法》第六十六条，《最高人民法院关于审理环境侵权责任纠纷案件适用法律若干问题的解释》第六条之规定，在环境污染责任纠纷案件中，原告应对被告排放了污染物、原告遭受了损害，以及二者之间具有关联性承担举证责任。

本案中，原告购买被告开发建设的涉案房屋，被告依法应当向原告交付符合国家标准的房屋，在原告认为涉案房屋受公共卫生间影响的情况下，可以选择违约或侵权主张权利，现原告以被告侵权为由提起诉讼，符合法律规定。虽然根据日常生活经验，公共卫生间不可避免地产生异味，但被告开发建设涉案小区时规划了公共卫生间，取得了建设工程规划许可证，且建设的公共卫生间也未超过规划许可的面积，也就是说被告修建的涉案公共卫生间符合相关规划要求，同时该卫生间安排有人员进行日常清洁，采取了减少异味的措施；另外，原告尚未接收该房屋，也未举示受该卫生间损害的相应证据，也就是说原告并未遭受损害，因此原告的诉讼请求没有事实依据，本院不予支持。

（五）定案结论

重庆市渝北区人民法院依照《最高人民法院关于审理环境侵权责任纠纷案件适用法律若干问题的解释》第六条，《中华人民共和国民事诉讼法》第六十四条第一款以及《最高人民法院关于适用〈中华人民共和国民事诉讼法〉的解释》第九十条之规定，作出如下判决：

驳回原告李某某的诉讼请求。

（六）解说

随着居民对商品房住宅产品的改善型升级、业主对商品房小区配套设施要求的不断增多，越来越多的现代住宅配套建设了公共卫生间。囿于传统观念，以及公共卫生间不可避免地散发异味的情况，与卫生间相邻的住户往往与开发商发生纠纷。针对非独立式公共卫生间是否对相邻住户造成大气污染等环境污染问题，可根据购房人购买房屋时是否知晓与卫生间相邻、该卫生间是否在商品房开发时一并规划、规划方案是否通过规划部门审批、建设地点与面积是否符合规划、物业服务公司是否安排清洁等情况进行判断。本案的处理，为此类案件的认定提供了借鉴与参考。

编写人：重庆市渝北区人民法院　陈果　周晓惟敏

26

张某某与重庆某投资发展公司噪声污染责任纠纷案

（无法定或约定评价标准，噪声污染可依据案件实际情况参照适用《社会生活环境噪声排放标准》来判定）

（一）首部

1. 裁判文书字号

重庆市渝北区人民法院（2018）渝0112民初12966号民事判决书

2. 案由：噪声污染责任纠纷。

3. 诉讼双方

原告：张某某。

委托诉讼代理人：徐某，重庆某律师事务所律师。

被告：重庆某投资发展公司。

法定代表人：杨某某，总经理。

委托诉讼代理人：陈某某，该公司员工。

4. 审级：一审。

5. 审判机关和审判组织

审判机关：重庆市渝北区人民法院。

合议庭组成人员：审判长，沈远东；审判员，张红艳、陈果。

6. 审结时间：2018年10月8日。

（二）诉辩主张

1. 原告诉称

2014年10月3日，原、被告签订《重庆市商品房买卖合同》，原告购买被告开发的位于重庆市北碚区蔡家岗镇同荣路402号爱琴海二期某幢某号房屋。2015年9月13日，被告向原告交付该房屋。原告在装修时发现该楼栋负一层排水泵及管道存在共振和噪声问题，严重影响原告的生活。原告多次要求被告及物业管理公司进行整改，但至今仍未整改，只好另行租赁房屋居住，为此诉至法院，请求：（1）被告对其开发的位于重庆市北碚区蔡家岗镇同荣路402号爱琴海二期某幢负一楼的抽水泵及管道进行整改；（2）被告赔偿原告房租损失34800元；（3）鉴定费由被告负担。

2. 被告辩称

被告重庆某投资发展公司辩称：（1）被告主体不适格，涉案水泵等设施已移交物业管理与业主使用，相应责任应由全体业主承担，并使用大修基金进行维修；（2）原告的诉讼请求没有依据，该房屋所在楼栋水泵系车库积水排水泵，安装于负一楼（略低于地面），在积水时才会工作，即使水泵工作时有一定噪声，也比较轻微，并未超过相关标准，没有造成噪声污染，不会对原告造成损失；（3）原告举示的损失证据不客观真实，其是否租房居住与本案无关；（4）原告的起诉已超过诉讼时效。

（三）事实和证据

经重庆市渝北区人民法院公开审理查明：2014年10月3日，原告作为买方（乙方）、被告作为卖方（甲方），签订《重庆市商品房买卖合同》及补充协议，主要约定：1. 乙方购买甲方开发的商品房，项目暂定名为爱琴海小区二期，坐落于重庆市北碚区蔡家岗镇同荣路402号爱琴海二期某幢某号（本商品房所在幢的楼层共计6层，所在楼层物理层为第3层，所在楼层名义层为第1层）；2. 户型为二室二厅，建筑面积为84.11平方米（其中套内面积67.95平方米）；3. 交房日期为2015年6月30日前，该合同及补充协议均未约定涉案房屋的环境噪声分贝限值或者适用的环境噪声评价标准。原告于2015年9月13日接房，嗣后进行装修。重庆某物业管理公司爱琴海管理处出具证明，载明原告于2016年9月4日入住涉案房屋。

2016年11月4日，蔡家岗镇政府、中庚城社区、被告及物业管理公司召开隆鑫爱琴海二期第一次多方联谊会，并形成会议纪要，反映的问题包括涉案楼栋下排水泵及管道噪声对业主的影响，被告及物业管理公司均要求测量分贝。2018年1月7日，原告向涉案房屋物业管理公司反映涉案房屋负一楼抽水泵声音大，该物业管理公司开具派工单，但未载明维修过程与结果。

涉案房屋所在楼栋负一层井内安装了2台水泵。原告申请对涉案房屋次卧22时30分的环境噪声进行鉴定，本院依法准许。双方委托环境保护部推荐的重庆市环境科学研究院进行鉴定，重庆市环境科学研究院联系重庆市华测检测技术有限公司进行检测，该司于2019年3月15日作出《检测报告》，载明检测点位为卧室（次卧），检测日期为2019年3月7日、2019年3月9日，检测项目为等效连续A声级（Leq）、倍频带声压级，检测方法为环境噪声监测技术规范结构传播固定设备室内噪声（HJ707－2014），检测频次为昼夜各1次（抽水泵开、关的情形下），结果为夜间抽水泵开启时等效A声级为45dB、31.5Hz倍频带声压级<69dB、63Hz倍频带声压级<51dB、125Hz倍频带声压级为39dB、250Hz倍频带声压级为44dB、500Hz倍频带声压级为45dB，昼间出风井与抽水泵开启时等效A声级为46dB、31.5Hz倍频带声压级<76dB、63Hz倍频带声压级<59dB、125Hz倍频带声压级为40dB、250Hz倍频带声压级为43dB、500Hz倍频带声压级为45dB。为此，原告支付费用8058.72元。检测照片反映出涉案房屋次卧铺设有床上用品。

另查明，《声环境质量标准》（GB3096－2008，由环境保护部组织制定）根据区域的使用功能特点和环境质量要求，规定了五种声环境功能区，其中1类声环境功能区是指以居民住宅、医疗卫生、文化教育、科研设计、行政办公为主要功能，需要保持安静的区域。《社会生活环境噪声排放标准》（GB22337－2008，由环境保护部组织制定）适用于对营业性文化娱乐场所、商业经营活动中使用的向环境排放噪声的设备、设施的管理、评价与控制；在社会生活噪声排放源位于噪声敏感建筑物内情况下，噪声通过建筑物结构传播至噪声敏感建筑物室内时，噪声敏感建筑物室内等效声级不得超过限值，其中1类声环境功能区A类房间（以睡觉为主要目的，需要保证夜间安静的房间，包括住宅卧室等）限值昼间为40dB（A）、夜间为30dB（A），昼间31.5Hz、63Hz、125Hz、250Hz、500Hz倍频带声压级限值分别为76dB、59dB、48dB、39dB、34dB，夜间31.5Hz、63Hz、125Hz、250Hz、500Hz倍频带声压级限值分别为69dB、51dB、39dB、30dB、24dB。《民用建筑隔声设计规范》（GB50118－2010，由住房和城乡建设部组织编订）适用于全国城镇新建、改建和扩建的住宅等六类建筑中主要用房的隔声、吸声、减噪设计，主要规定：锅炉房、水泵房宜单独设置在噪声敏感建筑之外，确需在噪声敏感建筑物内设置锅炉房、水泵房时，若条件许可，宜将噪声源设置在地下，但不宜毗邻主体建筑或设在主体建筑下，并且应采取有效的隔振、隔声措施；住宅内卧室的允许噪声级为昼间≤45dB（A声级）、夜间≤37dB（A声级）。《住宅设计规范》（GB50096－2011，由住房和城乡建设部组织编订）规定卧室昼间等效连续A声级不应大于45dB、夜间等效连续A声级不应大于37dB。

在审理过程中，原告陈述抽水泵在其次卧下方，偶尔在该房屋居住，2台水泵均在运行；被告陈述抽水泵在原告房屋客厅下方，在下雨等有积水时开启1台水泵，另1台水泵备用；物业管理公司对该水泵噪声采取了维修等降噪措施。

上述事实有下列证据证实：

（1）原告提供

①商品房买卖合同、补充协议、收楼书，证明原告购买涉案房屋，该房屋与水泵、水管

的位置；

②会议纪要，证明设置于该房屋所在楼栋负一层的水泵、水管噪声影响其正常生活居住；

③派工单，证明被告认可对涉案水泵进行整改但至今仍未整改；

④租房合同2份、身份证复印件，证明原告租房及租金约定；

⑤证明2份，证明原告未入住涉案房屋；

⑥工商登记信息、（2018）渝0109民初2402号民事判决书，证明李某某与被告关系；

⑦损害评估鉴定报告、发票，证明环境司法鉴定情况及费用；

⑧收条2份，证明租赁房屋的租金损失情况。

（2）被告提供

①（2016）渝0109民初5550号民事判决书，证明涉案房屋通过了竣工验收、环保验收，不存在噪声污染；

②（2018）渝0109民初4708号民事判决书及庭审笔录，证明原告已于2016年9月4日入住该房屋，不存在租房居住的租金损失；

③重庆市建设工程竣工验收备案登记证，证明涉案房屋所在小区经验收合格；

④收楼书、房屋验收交接表，证明原告于2015年9月13日接房，接房时并未提出噪声污染问题；

⑤重庆市新建商品房房屋使用说明书、质量保证书，证明涉案房屋所在小区已交付业主，其配套设施属于全体业主所有，由物业管理公司进行管理；

⑥给排水竣工图、地下车库竣工图，证明涉案房屋的建设与设计图相符，涉案水泵、管道位于原告客厅侧下方，不存在噪声污染，且水泵质保期已届满，被告不应承担责任。

（四）判案理由

重庆市渝北区人民法院经审理认为：环境系人类赖以生存和持续发展的基本条件，一切单位和个人都有保护环境的义务，污染环境造成损害的应当承担侵权责任。本案的争议焦点在于被告是否主体适格、原告是否遭受噪声污染以及责任的承担。

1. 关于被告是否主体适格问题

虽然涉案房屋已交付原告，并由物业管理公司进行物业服务，但该房屋楼宇所在小区由某投资发展公司开发建设，作为该楼宇配套设施的水泵亦由隆鑫公司安装。被告某投资发展公司作为开发商，在开发建设涉案房屋时，负有对水泵有关事宜进行合理的设计、选购、安装等义务，以确保水泵设施运行噪声符合国家标准。因此，某投资发展公司系本案适格被告。

2. 关于原告是否遭受噪声污染问题

《中华人民共和国环境噪声污染防治法》第二条规定本法所称环境噪声污染，是指所产生的环境噪声超过国家规定的环境噪声排放标准，并干扰他人正常生活、工作和学习的现象。从该条规定可看出，环境噪声污染的构成要件为“超标”+“扰民”，只有同时具备上述两个条件，才构成环境侵权。

首先，关于涉案房屋环境噪声值。本院认为，原告申请对其次卧夜间环境噪声进行鉴定，双方委托重庆市环境科学研究院进行鉴定，由于重庆市环境科学研究院与重庆市华测检测技术有限公司系合作单位（该司为重庆市环境科学研究院司法鉴定提供技术支持），本院调取了检测报告、资质认定证书附表（包括振动及噪声）、检测照片，双方对其真实性均无异议，且检测人员也对检测情况等进行了说明，因此该检测报告可以作为认定涉案房屋环境噪声的依据。

其次，关于涉案房屋环境噪声是否超标的评价标准。本院认为，《中华人民共和国环境噪声污染防治法》第十一条规定国务院生态环境主管部门根据国家声环境质量标准和国家经济、技术条件，制定国家环境噪声排放标准。而现行环境保护法律法规并未规定水泵设施噪声的评价标准，原、被告在商品房买卖合同及补充协议中也未约定涉案房屋环境噪声限值或适用的评价标准，该评价标准应根据本案实际予以确定。第一，声环境质量标准规定了五类声环境功能区的环境噪声限值，适用于声环境功能区的声环境质量评价与管理，故该标准不应作为评价本案环境噪声是否超标的标准。第二，虽然《民用建筑隔声设计规范》《住宅设计规范》均规定了室内噪声限值，但《住宅设计规范》全面规定了套内空间、共用部分、室内环境（隔热、隔声等）、建筑设备的设计要求，《民用建筑隔声设计规范》适用于城镇新建、改建、扩建的住宅等建筑物中主要用房的隔声减噪设计，也就是说该规范均系针对设计、建设的相关标准，也不应作为本案环境噪声是否超标的评价标准。第三，虽然《社会生活环境噪声排放标准》用于评价营业性文化娱乐场所、商业经营活动排放的环境噪声，环境保护部于2011年4月7日发布的《关于居民楼内生活服务设备产生噪声适用环境保护标准问题的复函》（环函〔2011〕88号）规定《社会生活环境噪声排放标准》不适用于评价居民楼内为本楼居民日常生活提供服务而设置的水泵等设备噪声，但该复函是行政机关从防治环境噪声污染行政执法的角度明确国家标准的适用，而不是限定民事案件中判断是否构成噪声污染的依据；同时，居民住宅是以生活起居为目的的居住场所，根据日常生活经验，不论文化娱乐场所还是商业经营活动，其所能容忍的噪声限值理应高于一般居民住宅的标准；此外，无论环境噪声是来自居民楼内为本楼居民日常生活提供服务而设置的设备，还是来自居民楼以外，当其噪声达到一定程度时，均会对居民的正常生活造成一定影响，从切实保护公民健康权，维护公民合法权益出发，本案可参照适用《社会生活环境噪声排放标准》。

最后，关于涉案房屋次卧环境噪声是否超标。由于涉案房屋位于以居民住宅为主要功能的区域即属于1类声环境功能区，而卧室系以睡眠为主要目的、需要保持安静的房间即属于A类房间，涉案房屋次卧环境噪声应适用《社会生活环境噪声排放标准》中1类声环境功能区A类房间限值标准。依据检测结果进行对比，涉案房屋次卧昼夜间等效声级、昼夜间倍频带声压级（250Hz、500Hz）均超标，根据日常生活经验，噪声超标在一定程度上影响居民正常生活与身心健康，因此原告遭受了噪声污染。

3. 关于责任承担问题

《中华人民共和国侵权责任法》第六十五条规定，“因污染环境造成损害的，污染者应当承担侵权责任”。《中华人民共和国环境噪声污染防治法》第六十一条规定，“受到环境噪声污染危害的单位和个人，有权要求加害人排除危害；造成损失的，依法赔偿损失”。本案中，被告作为涉案房屋开发建设单位，将水泵设置于该房屋所在主体建筑下，理应做好水泵的隔声、减振、降噪措施，但其未举示已采取隔声、减振等措施的证据，而涉案房屋次卧昼夜间等效声级、昼夜间倍频带声压级（250Hz、500Hz）的环境噪声超过了国家规定的环境噪声排放标准，原告正常生活受到该环境噪声干扰，因此被告应当采取有效整改措施，避免水泵噪声影响原告生活。

关于原告主张的租房损失，本院认为，首先，即使租房合同及收条是真实的，原告在签订合同后以现金方式一次性支付一年租金，而租房合同约定租金按季度支付，该支付方式明显不符合常情常理；其次，涉案房屋次卧环境噪声超标，但该房屋户型为二室二厅，原告未举证证明起居室、主卧的环境噪声超标，原告的行为导致了损失扩大，应自行承担扩大的损失；最后，检测照片显示该房屋铺设有床上用品，根据日常生活经验，在房屋闲置的情况下不会铺设床上用品，对此原告解释为装修后偶尔居住，也就是说原告仍在该房屋居住，因此该项诉讼请求本院不予支持。

关于被告提出原告的起诉已超过诉讼时效期间的意见，本院认为，《中华人民共和国环境保护法》第六十六条规定提起环境损害赔偿诉讼的时效期间为三年，从当事人知道或者应当知道其受到损害时起计算。本案中，原告于2015年9月接房后进行装修，发现水泵噪声影响其生活后提起诉讼，原告的起诉并未超过诉讼时效期间，因此该意见本院不予采纳。

（五）定案结论

重庆市渝北区人民法院依照《中华人民共和国侵权责任法》第六十五条，《中华人民共和国环境噪声污染防治法》第二条、第六十一条第一款，《中华人民共和国民事诉讼法》第六十四条第一款，《最高人民法院关于适用〈中华人民共和国民事诉讼法〉的解释》第九十条之规定，作出如下判决：

一、被告重庆某投资发展公司于本判决生效之日起两个月内对设置于重庆市北碚区蔡家岗镇同荣路402号爱琴海二期某幢负一楼的水泵设施采取整改措施，使重庆市北碚区蔡家岗镇同荣路402号爱琴海二期某幢某号房屋次卧水泵设施噪声符合《社会生活环境噪声排放标准》中1类声环境功能区A类房间的限值要求；

二、驳回原告张某某的其他诉讼请求。

（六）解说

环境系人类赖以生存和持续发展的基本条件，近年来，因水泵、电梯、供电等为居民日常生活提供服务的公共设施设备噪声引发的环境侵权纠纷日益增多。在司法实践中，当上述设施设备引发噪声污染纠纷时，如何适用噪声评价标准成为难题。本案中，现行环境保护法律法规并未规定水泵设施噪声的评价标准，原、被告在商品房买卖合同及补充协议中也未约定涉案房屋环境噪声限值或适用的评价标准，本案结合实际情况，在综合分析《声环境质量标准》《民用建筑隔声设计规范》《住宅设计规范》无法适用的情况下，从切实保护公民健康权，维护公民合法权益出发，参照适用《社会生活环境噪声排放标准》，判定水泵设施噪声是否构成噪声污染，对同类案件的审理具有参考作用。

编写人：重庆市渝北区人民法院　陈果　周晓惟敏

27

杨某芬与贵州某矿肥公司合同无效返还案

（不能通过征地款的方式改变林地用途）

（一）首部

1. 裁判文书字号

贵州省清镇市人民法院（2018）黔0181民初1921号民事判决书

2. 案由：林地流转合同纠纷。

3. 诉讼双方

原告（反诉被告）：杨某芬。

委托诉讼代理人：范某丁，贵州某律师事务所律师。

被告（反诉原告）：贵州某矿肥公司。

法定代表人：陈某，该公司总经理。

委托诉讼代理人：屈某勇，贵州某律师事务所律师。

被告：开阳县金中镇某村村民委员会（以下简称某村委会）。

法定代表人：周某学，该村委会主任。

4. 审级：一审。

5. 审判机关和审判组织

审判机关：贵州省清镇市人民法院。

独任审判员：罗光黔。

6. 审结时间：2018年9月18日。

（二）诉辩主张

1. 原告（反诉被告）诉称

原告杨某芬系贵州省开阳县金中镇某村大坪组村民，对金中镇某村谢家湾、两天窝等林地享有使用权、林木享有所有权。2015年，因某矿肥公司大坪南竖井渣场建设，需占用原告林地用于排废渣，某矿肥公司、某村委会、某集团开阳矿肥基地党委协调部分别作为甲、乙、丙三方签订《大坪南竖井渣场林地覆盖补偿协议》，由某矿肥公司提供资金支付给村委会，由某村委会按每亩4800元的标准给予原告补偿，原告领取了补偿款344160元，并将相应林地交由某矿肥公司用于排废渣。

2017年7月19日，原告杨某芬将某矿肥公司、某村委会诉至本院，请求确认二被告签订的补偿协议无效。经本院及贵阳中院判决，确认了某矿肥公司、某村委会签订的《大坪南竖井渣场林地覆盖补偿协议》无效。原告杨某芬向本院提出诉讼请求：（1）请求依法判决被告某矿肥公司停止在原告承包林地倾倒矿渣的行为，并应依法赔偿因其倾倒矿渣侵占原告承包林地给原告所造成的经济损失1112400元；（2）请求依法判决被告某村委会应对被告某矿肥公司侵权所造成的原告上述经济损失承担连带责任；（3）请求依法判决被告某矿肥公司承担案件诉讼费。

2. 被告辩称

被告某矿肥公司答辩称，杨某芬与被告形成争议的协议经过一、二审判决，确认协议无效，根据合同法相关规定，无效与侵权是两回事儿，本案是无效后果处理不是侵权，请求驳回原告诉请。

被告某村委会辩称合同是经过当事人同意的，并无胁迫。

3. 被告（反诉原告）诉称

被告某矿肥公司针对原告杨某芬的起诉提起反诉，请求为：（1）依法判决反诉被告立即返还反诉原告344160元；（2）依法判决反诉被告自2015年12月23日起，以344160元为本金，按照中国人民银行同期贷款利率4.75%计算，向反诉原告支付利息，直至全部返还本金为止，暂计算至2018年8月22日为31332.9元；（3）依法判决反诉被告承担本案诉讼费。事实及理由：2017年12月7日，就反诉原告与反诉被告合同效力纠纷一案，贵州省清镇市人民法院作出判决，“确认被告贵州某集团矿肥有限责任公司、开阳县金中镇某村村民委员会与原告杨某芬2015年达成的由原告杨某芬接收补偿金，由被告贵州某集团矿肥有限责任公司排渣覆盖杨某芬开府林证字〔2003〕第023××号以及〔2009〕第0024×号林权证登记范围内林地的协议无效”，2018年5月16日，贵阳市中级人民法院作出终审判决，维持一审的判决结果。根据《中华人民共和国合同法》第五十八条之规定，合同无效后，双方应互相返还因该合同取得的财产。由于反诉被告已基于该合同领取了反诉原告所支付的价款344160元，且反诉被告在本诉的起诉状中也对该事实及金额予以认可，因此反诉原告有权要求反诉被告立即将该款返还。

4. 原告（反诉被告）辩称

原告（反诉被告）杨某芬答辩称：（1）反诉原告之反诉，与本诉原告之诉不属于同一关系，请求予以驳回；（2）反诉要求返还已领取的补偿款，林地若能恢复原状返还，答辩人也可以返还。

（三）事实和证据

贵州省清镇市人民法院环境资源审判庭公开开庭审理查明：原告杨某芬系贵州省开阳县金中镇某村大坪组村民，分别于2003年10月28日、2009年1月24日获开阳县人民政府颁发的开府林证字〔2003〕第023××号以及〔2009〕第0024×号林权证，原告对金中镇某村谢家湾、两天窝等林地享有使用权、林木享有所有权。2015年，因某矿肥公司大坪南竖井渣场建设，需占用原告林地用于排废渣，某矿肥公司、某村委会、某集团开阳矿肥基地党委协调部分别作为甲、乙、丙三方签订《大坪南竖井渣场林地覆盖补偿协议》，由某矿肥公司提供资金支付给某村委会，由某村委会按每亩4800元的标准给予原告补偿，原告领取了补偿款344160元，并将相应林地交由某矿肥公司用于排废渣。

2017年7月19日，原告杨某芬将某矿肥公司、某村委会诉至本院，请求确认二被告签订的补偿协议无效。经本院及贵阳中院判决，确认了某矿肥公司、某村委会签订的《大坪南竖井渣场林地覆盖补偿协议》无效。

上述事实有下列证据予以证明：1. 林权证：开府林证字〔2003〕第023××号，开府林证〔2009〕第0024x号；2.《贵阳市农村承包土地调查登记表》《贵州省农村林地家庭承包合同》（承包人杨某芬，2009年5月12日）；3. 被告某集团公司大坪南竖井以原告拥有使用权的林地为渣场排渣的实景图片；4. 开阳矿肥基地协调部专议《关于大坪南竖井渣场林地补偿纪要》：开基协专字〔2015〕42号；5.《贵州某集团矿肥有限责任公司征用土地赔偿表》并附《大坪南竖井渣场林地面积》表及测绘图、《丈量土地面积表》；6.《大坪南竖井渣场林地覆盖补偿协议》；7. 贵阳市政府文件《市人民政府关于公布实施征地统一年产值和征地区片价补偿标准有关问题的通知》（筑府发〔2009〕100号）、贵阳市政府文件《市人民政府关于公布实施征地统一年产值和征地区片价补偿标准有关问题的通知》（筑府发〔2016〕28号）；8. 开阳县政府文件《开阳县人民政府关于印发〈开阳县土地征收青苗及地上附着物等补偿标准〉（试行）的通知》（开府发〔2017〕10号）并附《开阳县土地征收青苗及地上附着物等补偿标准（试行）》具有排斥性；9. 原告身份证；10. 被告某集团公司工商登记资料；11. 贵州省清镇市人民法院（2017）黔0180民初1966号民事判决书、贵阳市中级人民法院（2018）黔01民终1396号民事判决书。

（四）判案理由

贵州省清镇市人民法院经审理认为，本案并非侵权，而是合同无效后的后果处理，遂召集各方当事人进行释明，本诉原告同意按合同无效后果进行处理，变更诉讼请求为：1. 要求被告恢复林地原状，返还林地。若不能恢复返还，应折价赔偿。2. 诉讼费用由被告负担。反诉原告对合同无效后果处理无异议，反诉请求不变。某村委会无异议。

根据生效判决，本案所涉协议被确认无效，是因为协议将林地改为非林地，违反了法律禁止性规定。法律之所以作出禁止性规定，其目的就是保护林地资源，保护生态红线。依照《中华人民共和国合同法》第五十八条之规定，合同无效后，因该合同取得的财产，应当予以返还。就本案具体情况，法院认为本诉原告提起诉讼，应该是诉请本诉被告返还其林地，而不能请求法院判决按征地费用对其进行赔偿，否则，就会出现本诉原告依据一个无效合同实际获得征地补偿款，而本诉被告则依据一个无效合同通过赔偿反而合法取得林地使用权，这显然与立法宗旨和立法目的相悖。在法院释明后，本诉原告同意按照合同无效后果处理，要求被告返还林地，对此诉请，法院予以支持。但关于本诉原告认为本诉被告已经改变了林地用途，实际已不能进行修复，应当折价补偿的主张，与法律规定不符，法院不予支持。反诉原告在庭审中表示可以在渣土上覆土进行修复后返还本诉原告，法院认为，简单覆土并不足以恢复林地使用功能，应当以专业机构、专业人员的修复方案为准，包括将堆放在林地上的渣土清运，采取覆土等相关措施进行修复等，以使案涉林地种植功能恢复到与周边林地功能相近。对于反诉原告某矿肥公司提起的要求反诉被告返还已经领取的补偿款的反诉请求，法院认为，这符合《中华人民共和国合同法》的规定，予以支持（在本诉中，本诉原告自认领取了补偿款369600元，反诉原告认为有1万余元与合同无关，只主张其中的344160元）。但如前所述，合同无效后果应当是双方各自返还因合同取得的财产，在反诉被告返还反诉原告林地补偿款的同时，反诉原告也应当将林地恢复相应功能返还给反诉被告。而鉴于反诉原告恢复林地原状尚需要制作修复方案，故法院给予反诉原告合理时间制作修复方案并进行修复，在将案涉林地修复返还给反诉被告时，才能向反诉被告主张返还所领取的款项。对于反诉原告要求反诉被告支付其银行利息的诉请，法院认为，反诉原告在签订《大坪南竖井渣场林地覆盖补偿协议》时，主观上存在过错，且其实际也占有使用了反诉被告的林地，因此，应当自行承担由此造成的损失，故反诉原告该诉请不予支持。

（五）定案结论

贵州省清镇市人民法院环境资源审判法庭依照《中华人民共和国合同法》第五十八条“合同无效或者被撤销后，因该合同取得的财产，应当予以返还；不能返还或者没有必要返还的，应当折价补偿。有过错的一方应当赔偿对方因此所受到的损失，双方都有过错的，应当各自承担相应的责任”的规定，作出如下判决：

一、本诉被告贵州某矿肥公司于本判决生效之日起180日内将原告杨某芬开府林证字〔2003〕第023××号以及〔2009〕第03××、002××号林权证登记范围内林地修复并返回本诉原告杨某芬；

二、反诉被告杨某芬于反诉原告贵州某矿肥公司返还其林地的同时将已领取的土地补偿款 344160 元返还反诉原告贵州某矿肥公司；

三、驳回本诉原告杨某芬的其他诉讼请求；

四、驳回反诉原告贵州某矿肥公司的其他诉讼请求。

（六）解说

1. 当事人双方签订防护林地流转合同用于堆放矿渣，改变林地用途，违反法律禁止性规定，合同自始无效。在合同被确认无效后，双方应当按照法律规定相互返还。流转林地的一方应当返还已收取的流转价款，获得林地使用权的一方应当返还林地。

2. 保护林地资源，守住生态红线是环境资源审判中必须坚持的司法理念。转让林地一方当事人不能以林地已被堆放矿渣为由，变相索取征地补偿款；使用林地一方也不可能通过支付赔偿款的方式实际获得林地使用权用于堆放矿渣，破坏林地资源。

3. 在环境司法中应当坚持修复理念。对于已经堆放了矿渣的林地，法院在判决相互返还时，不能认为简单地在矿渣上覆土即恢复了林地功能，而是要明确由专业机构制定修复方案，将林地上的矿渣清理，将林地恢复到周边林地相近功能再返还。

编写人：贵州省清镇市人民法院　罗光黔　饶周琴

28

中国生物多样性保护与绿色发展基金会与贵州某置业公司相邻通行权纠纷案

（对公众的通行权和沿河观赏、享受美好环境权益的保障）

（一）首部

1. 裁判文书字号

贵州省清镇市人民法院（2019）黔0181民初1146号民事调解书

2. 案由：相邻通行权纠纷（环境民事公益诉讼）。

3. 诉讼双方

原告：中国生物多样性保护与绿色发展基金会。

被告：贵州某置业公司。

4. 审级：一审。

5. 审判机关和审判组织

审判机关：贵州省清镇市人民法院。

合议庭组成人员：审判长，罗光黔；审判员，刘海英、杨孝元；人民陪审员，汪海杰、夏维军、陈光芬、黎登辉。

6. 审结时间：2019年8月28日。

（二）诉辩主张

1. 原告诉称

2019年1月中国生物多样性保护与绿色发展基金会向贵州省清镇市人民法院诉称，被告贵州某置业公司在贵阳市乌当区东风镇违规开发建设运营高尔夫球场，妨碍当地群众生活的同时对周边生态环境造成严重破坏，将流经此段的鱼梁河河道圈进球场范围内的行为，侵犯了社会公众沿河岸通行及享受自然风景的权利，对社会公共利益造成损害，应该承担侵权责任，特提起环境民事公益诉讼，请求：（1）判令被告立即停止高尔夫球场建设和运营，采取有效措施消除建设运营高尔夫球场对生态环境的破坏风险；（2）判令被告排除妨碍，立即拆除侵占渔梁河两岸的高尔夫球场所有设施，按规范留出沿河两岸的公共空间，保障公众自由通行和享受美好环境的权利，排除影响公众自由通行的妨碍；（3）判令被告在国家级媒体上向全社会公开赔礼道歉；（4）判令被告承担本案原告产生的合理费用，包括但不限于律师代理费、评估鉴定费、专家费、调查取证费、差旅费等（具体以实际支出为准）；（5）判令被告承担本案全部诉讼费。

2. 被告辩称

被告未做答辩。

（三）事实和证据

本院于2019年1月24日立案后，被告贵州某置业公司拆除了案涉区域围栏，委托第三方机构编制了《贵阳市乐湾国际开放空间规划》，并向行政管理机关报批。2019年5月21日，双方达成初步调解协议，本院对调解协议进行了公示，公示期满未收到反对意见。

原被告双方提供证据：1. 原告提供：（1）贵阳市环境保护局关于乐湾国际温泉文化创意旅游综合体建设项目等资料政府信息依申请公开的回复；（2）贵阳市城乡规划局政府信息不存在告知书〔2018〕第022号－不存、贵阳市城乡规划局政府信息不存在告知书〔2018〕第024号－不存；（3）东风镇卫星图像（2002年、2006年、2008－2010年、2013－2015年、2018年）；（4）2018年11月21日中央电视台焦点访谈视频；（5）国务院办公厅关于暂停新建高尔夫球场的通知（国办发〔2004〕1号）；（6）实地考察照片及录像；（7）乐湾国际高尔夫球场官方网站截图。2. 被告提供：（1）建设工程规划许可证；（2）贵阳市环境保护局文件；（3）贵阳市重大项目建设管理办公室文件（2011年）；（4）贵阳市重大项目建设管理办公室文件（2014年）；（5）贵阳市重大项目建设管理办公室文件（2015年）；（6）贵阳市乌当区人民政府整改工作报告；（7）“乐湾”一期月亮河温泉项目投资意向协议。

（四）判案理由

贵州省清镇市人民法院认为：社会组织提起公益诉讼的目的在于通过诉讼手段解决污染环境、破坏生态等环境问题，维护和保护公众环境权益。而本案不同于一般的环境公益诉讼，本案涉及的不是环境污染或生态破坏，而是公众自由通行和享受美好生活环境的权益，是一种新类型的公益诉讼案件，也是一种新型权益的保护。本案的核心问题有两个，一是原告认为被告修建的高尔夫球场未经相关部门审批，系违建。被告在法院受理案件后提交了国家发改委的检查材料，检查材料载明国家发改委对国内现有高尔夫球场进行了检查，一部分合规，予以保留；一部分违法，决定关闭；一部分欠缺相关手续，列入整改名单，本案所涉高尔夫球场即被列入整改名单。关于这个问题，本院认为应尊重行政机关的判断权，行政机关未对涉案高尔夫球场进行关闭而是列入整改名单，实际上并没有从根本上否定其合法性，而是认可其存在，并要求完善相关手续。本院也与原告进行了必要沟通，原告也认可该意见。二是被告如何保障公众的通行权和沿河观赏、享受美好环境的权益。由于被告方正建设一大型房开项目，高尔夫球场只是其项目的一部分，针对这一情况，提出了分步整改的意见，一是被告立即拆除现有围栏，修建通行便道，保障公众的通行权；二是进行整体规划，保障公众享受美好环境的权益，且规划必须经行政主管部门认可，被告加快编制了涉案片区的规划并报属地行政机关。

（五）定案结论

本院会同行政主管部门对被告编制的规划进行了讨论，行政机关认为被告编制的规划基本能够实现涉案片区的空间开放，能够保障公众通行、游览、观光权益。在这一前提下，本院于 2019 年 5 月 21 日组织双方进行调解，双方自愿达成如下协议：

一、对于原告的第一项诉讼请求，鉴于行政机关已公告要求被告贵州某置业公司进行整改而非停止运营，原告表示尊重行政机关的处理意见，同意被告按照行政机关要求完成整改；

二、对于原告的第二项诉讼请求，被告贵州某置业公司分为短期和长期两步进行整改。第一步系拆除案涉区域内围栏，恢复河道自然状况（围栏已拆除）；被告贵州某置业公司尽快向行政主管部门申报已编制的规划（规划已完成，正根据行政管理部门的意见作局部修改），在行政机关完成规划审批及政府对河道沿岸土地进行招牌挂后，被告贵州某置业公司立即按照审批的规划进行施工，保证案涉区域成为开放的公共空间。同时邀请原告或第三方组织对上述整改情况进行监督；

三、对于原告的第三项诉讼请求，原告同意放弃；

四、对于原告的第四项诉讼请求，被告自愿承担本案原告因本次诉讼支出的差旅费、专家费、调查费、律师费等合理费用合计 26 万元；

五、被告自愿承担本案受理费 5200 元。

（六）解说

第一，不同于普通的环境公益诉讼，本案被告把公共河道圈进高尔夫球场范围，侵占了公共环境、公共资源。该行为直接妨碍了公众的通行权、游览权、观赏权等享受美好环境的权益。本案的受理，突破了《中华人民共和国民事诉讼法》《中华人民共和国环境保护法》等法律关于公益诉讼的规定，扩大了公益诉讼的受案范围，解决了占用公共资源的问题，保护了公众享受美好生活环境的权益，为环境公益诉讼的审判提供了鲜活的司法案例。

第二，环境公益诉讼的目的是真正去解决存在的环境问题，在这个前提下，判决、调解、撤诉都可以结案。本案最核心的问题就是保障公众享受美好环境的权益，在案件审理过程中，被告已经按照要求进行整改并编制了开放空间规划，环境公益诉讼目的得以实现，故通过调解方式结案。

第三，本案充分尊重行政机关的判断权。一是关于案涉高尔夫球场是否属违建。原告提交的证据表明案涉高尔夫球场的确没有办理规划等手续，但国家发改委的检查通报中将该球场列入整改名单，并未关闭，故法院也予认可。二是被告编制的整体规划，法院在审理过程中请行政管理部门对该规划进行了审查，行政管理部门予以认可，法院尊重了行政机关的意见。

第四，充分发挥司法职能，保护营商环境。本案被告项目系贵州省重点招商引资项目，在项目建设过程中虽有一定不规范行为，但并非根本性违法。司法的介入，不是一棍子把企业打垮、打死，而是督促企业通过整改达到相关要求。本案中，法院力促被告进行整改，让被告重视并解决存在的问题，保护了公众的环境权益，同时，组织原被告双方进行协调，和解结案，用环境司法手段保证营商环境，为改善投资和市场环境、推动经济高质量发展发挥积极作用。

编写人：贵州省清镇市人民法院 罗光黔 田菲

29

开阳县某水厂诉开阳县某农业发展公司水污染责任案

（法官可通过开阳县某水厂关联性证明综合判断环境污染的发生情况）

（一）首部

1. 裁判文书字号

一审判决书：贵州省清镇市人民法院（2019）黔0181民初2492号民事判决书

二审判决书：贵州省贵阳市中级人民法院（2019）黔01民终5238号民事判决书

2. 案由：水污染责任纠纷。

3. 诉讼双方

原告（上诉人）：开阳县某水厂。

经营者：张某某，该水厂经营者。

委托诉讼代理人：郑某某，某律师（贵阳）事务所律师。

委托诉讼代理人：王某某，某律师（贵阳）事务所律师。

被告（上诉人）：开阳县某农业发展公司。

法定代表人：易某某，该公司董事长。

委托诉讼代理人：易某某，该公司管理人。

委托诉讼代理人：熊某，贵州某律师事务所律师。

4. 审级：二审。

5. 审判机关和审判组织

一审审判机关：贵州省清镇市人民法院。

独任审判员：罗光黔。

二审审判机关：贵阳市中级人民法院。

合议庭组成人员：审判长，曾桢；审判员，唐玉萍、刘华。

6. 审结时间

一审审结时间：2019年6月25日。

二审审结时间：2019 年 12 月 2 日。

（二）一审情况

1. 一审诉辩主张

（1）原告诉称

原告在开阳县龙水乡花山村龙洞沟泉点取水生产桶装水，原告取水点后上方系龙江村构皮林组的饮用水源。被告在距离原告生产用水取水点直线距离约 1.5 公里处养殖生猪，该地点位置较高。2018 年 9 月 11 日，原告取水点及花山村、龙江村部分村民发现平日用于饮用的龙洞水有猪粪尿味、味道刺鼻，龙洞水洞口有白色泡沫，水体呈黄色，无法饮用。原告即向花山村委和乡政府反映，工作人员经排查发现，被告通过暗管将养猪场粪池的污水偷排入渗坑（自然溶洞），从而导致龙洞水受污染。经取样监测，龙洞水和原告生产用水水源均受到污染，原告被迫停产至今，损失巨大。但被告与原告协商几次后就借口推诿，至今没有结果。为此，原告依法提起诉讼，请求法院判令：（1）被告立即停止侵害，停止向外环境排放粪污，并限期治理受污染的地下水及原告取水水源至符合国家标准，逾期未治理达标的，则承担第三方修复费用；（2）被告赔偿原告经济损失 671287.6 元（损失暂计至 2019 年 4 月 11 日，要求判决计算至第一项诉讼请求中原告取水水源达标之日止）；（3）本案诉讼费用由被告承担。

（2）被告辩称

开阳县某农业发展公司辩称：（1）原告开阳县某水厂并非本案适格的原告，应依法裁定驳回其起诉；（2）被告取水点上游还有村民居住，可能还存在其他污染源，即存在多因一果；（3）原告之前已停产，损失计算没有证据。

2. 一审事实和证据

贵州省清镇市人民法院环境资源审判庭经公开审理查明：原告系个体工商户，经营者为张某某，取水点位于相邻的龙水乡花山村龙洞沟泉点地下水，取水点海拔较低。原告取水点后上方为龙水洞（地下水自然渗出），系龙江村构皮林组、花山村部分村民的饮用水源。被告系养殖企业，生产经营场所位于原告取水点山的另一面，距离原告生产用水取水点直线距离约 1.5 公里，海拔较高。2018 年 9 月 11 日，花山村、龙江村部分村民发现饮用的龙洞水受到疑似粪便污染，原告也发现其取水点水质变差，遂向当地政府反映。经政府组织调查核实，发现邢阳县某农业发展公司将粪污水通过暗埋管道直排于玉米地中的渗坑。在政府督促下，开阳县某农业发展公司将直排粪污管道拆除。同时，环保部门对本案原告取水水源进行了监测。此后，原告自行委托机构或疾控中心对龙洞水源点和原告水厂水样进行检测，其中菌落总数、大肠菌群均严重超标。另查明，原告生产经营过程中，质监部门曾多次对其生产的产品进行检测，分别存在菌落总数、霉菌、酵母菌、亚硝酸盐、余氯（游离氯）等指标不合格的情况，但原告未停止生产。

上述事实有下列证据证明：

（1）原告提供的材料：

①原、被告主体资格信息材料；

②原告取水许可证；

③食品生产许可证；

④位置示意图，证明原被告主体资格及原被告相互距离、位置。

（2）被告非法排放污染物至地下水污染的材料：

①当地派出所出警记录及环保部门调查处理记录、环保举报及处理截图；

②开阳县人民政府“环保督察交办事项处理情况报告”；

③照片；

④证人证言，证明：被告养殖及通过埋放塑胶管道把粪污偷排放到自然溶洞（渗坑），导致龙洞饮用水源受污染，当地派出所及环保部门处理情况。被告为村民更换了饮用水源，没有治理受污染的饮用水源，没有解决原告生产用水问题。

（3）原告水源受污染的材料：

①原告水源受到污染的照片；

②相关机构数次出具的《检测报告》；

③证人证言，证明原告水源受到污染。

3. 一审判案理由

贵州省清镇市人民法院环境资源审判庭根据上述事实和证据认为：本案被告某农业发展公司将养殖粪污排入渗坑，显然是一种严重违法行为。从现有证据看，可以推知被告排放的粪污已经对原告取水水源造成影响：第一，多次检测报告显示水样中大肠菌群超标。大肠菌群直接或间接地来自人和温血动物的粪便，大肠菌群指标超标可以分析水源可能受到了粪便污染。第二，原告取水点海拔较低，被告养殖点距原告取水点虽有一段直线距离，但海拔较高。第三，原告取水点汇水面积为3.49平方公里，涵盖范围较大。第四，被告公司已养殖数年，在被告偷排粪污之前，村民并未反映饮用水出现类似粪污污染问题，而在被告偷排粪污进入渗坑后，当地村民即发现水源发臭、指标超标、受到污染，可以推知与被告排污高度关联。被告并无任何证据证明其排放的粪污不可能或未到达原告取水点。法院认为，在被告养殖地与原告取水点之间有村民居住也可能养殖家禽家畜，但在被告偷排粪污之前，当地村民水源并未出现严重粪污污染情形，而正是在被告排污之后就发现水源发臭、颜色发黄、大肠菌群严重超标，可以认为被告的排污行为足以造成此次龙洞地下水源的污染，是否还存在其他污染源，并不影响本案被告的责任认定。法院认为，原告要求被告停止侵害及限期治理受污染的地下水及原告取水水源至符合国家标准的诉请既不明确，也与现状不相符且不具有可操作性。第一，当地政府及职能部门已经责令被告拆除了暗管。第二，泉水水源本身有多项指标，而本案被告造成的最主要的污染为大肠菌群超标。本案查明原告产品在质监部门多次的抽检中都分别有其他部分指标不达标或不合格，没有证据表明这些指标超标系被告造成。即便就大肠菌群这一指标而言，原告并未否认还有其他污染源（如村民生活污水及散养家畜家禽粪便）的存在，故要求被告将水质治理恢复到国家标准不符合客观情况。第三，大肠菌群有一定成活期。且从技术角度而言，本案不可能采取加热或添加药物方法杀菌。综上，原告要求被告恢复水质至国家标准的诉请依据不充分，也缺乏可操作性。关于原告损失，法院认为应当以财务账目或税收等作为依据，原告仅以其合同及取水量来主张损失依据不充分。但被告向渗坑排放了粪污，导致水体大肠菌群指标超标污染了水源，是损害的一种表现。而鉴于这种损害无法量化，法院酌情判决被告赔偿原告损失。

4. 一审定案结论

贵州省清镇市人民法院环境资源审判庭依照《中华人民共和国侵权责任法》第六十五条、第十一条，《最高人民法院关于审理环境侵权责任纠纷案件适用法律若干问题的解释》第三条第三款、第七条，《最高人民法院关于适用〈中华人民共和国民事诉讼法〉的解释》第九十条之规定，作出如下判决：

一、被告开阳县某农业发展公司于本判决生效之日起 10 日内赔偿原告开阳县某水厂（经营者张某某）经济损失人民币 5 万元整；

二、驳回原告开阳县某水厂（经营者张某某）的其他诉讼请求。

（三）二审诉辩主张

一审宣判后，上诉人开阳县某水厂与上诉人开阳县某农业发展公司均不服，并提起上诉。

1. 上诉人上诉称

上诉人开阳县某水厂（原审原告）诉称：（1）一审认为上诉人诉请被告停止侵害和治理地下水既不明确也不具有可操作性，结论不成立。一审认定原告水质部分指标不达标系受到其他污染无事实依据；一审认为无法确定之前对比值而无法确定治理恢复程度事实错误；原告要求被告治理符合法律规定。（2）一审判决被告赔偿 5 万元明显不公。

上诉人开阳县某农业发展公司（原审被告）诉称：（1）一审判决仅通过推理判断被告排污对原告造成污染认定事实错误，也与检测报告相矛盾，被告养殖场不可能污染原告取水点。(2) 一审判决被告酌情赔偿5万元缺乏事实基础。

2. 被上诉人辩称

被上诉人开阳县某农业发展公司（原审被告）辩称：(1) 一审认定基础事实符合实际。(2) 一审法院在原告无法提供损失证明材料的情况下判决被告赔偿5万元证据不充分且错误。

被上诉人开阳县某水厂（原审原告）辩称，(1) 原告已尽到因果关系举证责任。本案系溶洞排污，以距离为由排查污染源说法不成立。在多重污染情况下，被告排污足以造成水源污染，应承担连带责任，原告可选择其中一个污染者进行赔偿。(2) 原告产品不合格不能倒推出水源不合格。(3) 多份检测报告显示大肠菌群超标，个别报告虽不超标，但系间歇性原因。政府回复并未检测大肠菌群指标，不能认为没有超标。

（四）二审认定事实和证据

贵州省贵阳市中级人民法院经审理，确认一审法院认定的事实和证据。

（五）二审裁判理由

二审法院认为本案二审的焦点为：1. 一审判决认定被告偷排粪污的行为对某水厂水样造成影响是否适当。2. 某水厂诉请某农业发展公司停止侵害及治理地下水是否具体并具有可执行性。3. 一审酌情判决某农业发展公司酌情赔偿某水厂经济损失5万元是否适当。

二审法院认为，一审中已查明某农业发展公司有通过溶洞排放粪污行为，某农业发展有限公司海拔较高，某农业发展公司排污后某水厂发现水质大肠杆菌等指标超标，故原告已经完成举证责任，被告不能举证证明其排污与损害之间不存在因果关系，一审认定某农业发展公司排污行为对某水厂水源造成影响并无不当。关于停止侵害及限期治理是否具体明确并具有可操作性问题，某水厂取水水源为自然渗漏地下水，在无持续污染物注入情况下，地下水本身具有自净功能。一审法院综合考虑某农业发展公司已经拆除暗管、不能排除某水厂水源还受到其他污染、本案缺乏某水厂取水水源在受到污染前的对比值以及现有治理方法在本案中不具有可行性等因素，认定某水厂该诉请缺乏可操作性而不予支持并无不当。关于一审酌情判决某农业发展公司赔偿5万元是否适当的问题，二审法院认为以案发前的取水量作为损失的主要依据虽不具有客观性及准确性，但仍具有一定参考价值，一审酌情判决被告赔偿并无不当。但综合考虑某农业发展公司在环保督察期间通过暗管向地下溶洞偷排粪污并污染居民水源，严重影响人民群众饮水安全并造成恶劣影响的事实，二审法院认为赔偿金额过低并予以调整。

（六）二审定案结论

贵州省贵阳市中级人民法院依照《中华人民共和国侵权责任法》第六十五条，《最高人民法院关于审理环境侵权责任纠纷案件适用法律若干问题的解释》第六条、第七条，《中华人民共和国民事诉讼法》第一百七十条第一款第（二）项、第一百七十五条之规定，作出如下判决：

一、撤销贵州省清镇市人民法院（2019）黔0181民初2492号民事判决；

二、上诉人开阳县某农业发展公司于本判决生效之日起10日内赔偿上诉人开阳县某水厂（经营者张某某）经济损失10万元整；

三、驳回上诉人开阳县某水厂（经营者张某某）的其他诉讼请求。

（七）解说

1.《最高人民法院关于审理环境侵权责任纠纷案件适用法律若干问题的解释》第六条规定“被侵权人根据侵权责任法第六十五条规定请求赔偿的，应当提供证明以下事实的证据材料：（一）污染者排放了污染物；（二）被侵权人的损害；（三）污染者排放的污染物或者其次生污染物与损害之间具有关联性”。这个司法解释中，原告需要承担的污染物与损害之间具有关联性的证明责任，实际上包含两方面的内容，一方面是因果关系的初步证明责任，另一方面还隐含了被告排放的污染物可能到达原告受损地的初步证明责任。通常情况下，被告污染物是否到达原告受损地往往是清楚的，但有些时候并不是一目了然的，需要通过其他证据证明，本案就是这样一种情况。贵州是一个多山的省份，喀斯特地貌特征非常明显，地下存在大量裂隙、渗坑、溶洞等，地面上两个相距较远的地方，在地下有可能通过这些裂隙、溶洞相通。如果违法行为人通过裂隙、渗坑、溶洞进行排污，要证明污染物到达相距较远的原告受损地存在一定难度。司法实践中，如果地下溶洞有地下水系，最理想的方式是通过投放染色剂等方式做连通实验进行验证。而如果地下裂隙、渗坑、溶洞没有地下水，要进行验证就很困难。这种情况下，就需要法官综合各方面证据，对被告排污行为与原告受损的初步关联性进行判断。就本案情况而言，两级法院法官就是从特征污染物和污染发生时间上，认定被告排放的污染物对原告造成损害。第一，本案水质变差，有臭味、颜色发黄，经检测其中含大量粪大肠菌群。由此推知原告取水水源可能受到了粪污污染，而被告的确通过渗坑排放了养殖粪污。第二，原、被告虽相距一定距离，但原告取水点海拔较低而被告排污处海拔较高，符合水往低处流的一般常识。第三，尽管在原告取水点附近有其他居民，可能存在散排污染物的情况，但水源一直未发现臭味、颜色发黄。即便之前可能有一些污染，但并不足以造成严重后果。而在被告偷排粪污之后几天，原告和周边居民发现水源变质，水体检测出大量大肠菌群，可以高度怀疑与被告排污存在关联。原告已经提交了相关照片和检测报告证明其受到污染及特征污染物，也证明了被告在海拔较高的地方通过渗坑排放了特征污染物，故应当认为原告已完成被告污染物可能到达原告受损地的初步证明责任。应当明确的是，原告对关联性的证明责任是初步证明责任，只要达到让法官形成一定的心证即可，并非要达到高度盖然性标准。根据《最高人民法院关于审理环境侵权责任纠纷案件适用法律若干问题的解释》第七条规定，“污染者举证证明下列情形之一的，人民法院应当认定其污染行为与损害之间不存在因果关系……（二）排放的可造成该损害的污染物未到达该损害发生地的；（三）该损害于排放污染物之前已发生的”，污染物未到达损害发生地的证明责任由被告承担，被告不能证明就应承担不利后果。

2. 本案中原告提出了要求被告立即停止侵害，并限期治理受污染的地下水及原告取水水源至符合国家标准的诉讼请求。停止侵害、消除危险、恢复原状通常是侵权类案件的诉讼请求，但这些诉请能否得到法院支持，要针对案件具体情况进行分析。就本案情况而言，被告偷排污水行为被发现后已经被政府责令整改，没有再向外环境排污，可以认为已经“停止侵害”。而治理受污染的地下水及原告取水水源至符合国家标准的诉讼请求，实际上依据不充分且难以实现。第一，矿泉水地下水源国家标准包含多项指标，从法院调查的证据看，原告桶装水在此次事件之前多次被质监部门抽检，部分指标超标，产品质量不合格，不排除水源受到其他污染的情况。本案涉及的特征污染物主要为粪大肠菌群，治理至符合国家标准是包含所有指标还是仅指粪大肠菌群？第二，该诉讼请求难以实现，也无必要。从常识得知，粪大肠菌群排除动物体外后不会长期成活。而一般要杀灭菌群，通常是采用加热高温或药物杀灭。本案显然无法对渗坑内的污染物进行这些操作，所以本案两级法院都未支持原告该诉请。

3. 按照举证规则，损害后果应当由原告举证。本案原告提供了部分销售合同和取水量以证实其损失，两级法院都认为这些证据不能充分证明其损失大小。两级法院都认为，在因果关系明确、损害后果客观存在的情况下，不宜简单地以证据不充分驳回原告要求赔偿的诉请。此时，可以适用法官自由裁量权，根据案件的实际情况酌情进行裁判。而本案二审对一审赔偿金额的改判，也反映了一、二审法院对法官自由裁量权的把握和对案件认识的区别。一审法院酌情判决被告赔偿 5 万元，一是认为对法官自由裁量权应当进行限制，不赞成法官拥有过高的裁量权。二是本案原告生产的矿泉水多次被质监部门抽检认定为不合格产品，实际上也属问题产品。此次虽然有被粪污污染的事实，但也不能由此获得额外利益，故判决较低金额。而二审法院认为被告的行为影响恶劣，改判被告赔偿 10 万元，更多的是体现对被告严重违法行为的一种惩戒。

编写人：贵州省清镇市人民法院　罗光黔　饶周琴

图书在版编目（CIP）数据

环保法庭案例选编．五／王立主编．—北京：中国法制出版社，2021.9

ISBN 978－7－5216－2145－7

Ⅰ．①环…　Ⅱ．①王…　Ⅲ．①环境保护法－审判－案例－汇编－中国　Ⅳ．①D922.685

中国版本图书馆 CIP 数据核字（2021）第 176040 号

责任编辑：韩璐玮（hanluwei666@163.com）　　封面设计：杨泽江

环保法庭案例选编（五）

HUANBAO FATING ANLI XUANBIAN（WU）

主编/王立

经销/新华书店

印刷/北京虎彩文化传播有限公司

开本/787 毫米×1092 毫米　16 开　　印张/11.25　字数/159 千

版次/2021 年 9 月第 1 版　　2021 年 9 月第 1 次印刷

中国法制出版社出版

书号 ISBN 978－7－5216－2145－7　　定价：58.00 元

北京市西城区西便门西里甲 16 号西便门办公区

邮政编码：100053　　传真：010－63141852

网址：http：//www.zgfzs.com　　**编辑部电话：010－63141790**

市场营销部电话：010－63141612　　**印务部电话：010－63141606**

（如有印装质量问题，请与本社印务部联系。）